# PRINCIPES

## SUR LES

## QUESTIONS TRANSITOIRES,

CONSIDÉRÉES INDÉPENDAMMENT DE TOUTE LÉGIS-
LATION POSITIVE, ET PARTICULIÈREMENT
SOUS LE RAPPORT DE L'INTRODUCTION
DU CODE NAPOLÉON.

par

## J. D. MEYER,

MEMBRE DU CONSEIL GÉNÉRAL DU DÉPARTEMENT DU ZUIDERZÉE,
ET DE L'INSTITUT D'AMSTERDAM, ASSOCIÉ ÉTRANGER DE
L'ACADÉMIE DU GARD à NISMES, JUGE D'INSTRUCTION AU
TRIBUNAL DE PREMIÈRE INSTANCE à AMSTERDAM.

---

*Omnium, quæ in hominum doctorum disputatione versantur, nihil
est profecto praestabilius, quam plane intelligi, nos ad justi-
tiam esse natos, neque opinione sed naturâ constitutum
esse jus.*

CICERO, de Legibus.

---

à AMSTERDAM,

chez G. DUFOUR, Libraire,

et à PARIS chez le même.

1813.

# PRÉFACE.

Il y a cinquante ans qu'aucun peuple de l'Europe ne pouvait se glorifier d'une législation quelconque. Des coutumes locales, des lois particulières, l'autorité des arrêts, les opinions des jurisconsultes, et subsidiairement le droit romain composaient la jurisprudence des états les plus civilisés. Dans quelques pays il existait des lois générales sur certaines parties du droit, dans d'autres l'influence du droit canon et féodal augmentait le confusion.

Depuis longtems des souverains éclairés, des magistrats célèbres et des jurisconsultes profonds avaient senti la nécessité d'établir une législation uniforme: mais tous les essais quoique appuyés par l'autorité des plus puissans monarques, de Charlemagne, de Saint-Louis, de Charles-quint, de Philippe II, de Louis XIV avaient été infructueux, et contribuaient à faire considérer comme impossible, ce qui avait si souvent été tenté envain. Soit que des affaires plus importantes eussent absorbé l'attention des souverains, soit que leur autorité ne fut pas assez affermie à l'intérieur, les lois qu'ils donnèrent furent bientôt modifiées et souvent entièrement dénaturées par les interprétations coutumières et les innovations introduites par la jurisprudence des différens ressorts.

La dernière partie du siècle précédent vit augmenter les plaintes sur l'incertitude et les défauts de législation en Europe. L'esprit philosophique qui dictait tous les écrits de ce période, s'éleva avec force contre les abus qui souillaient cette partie essentielle de l'exercice du pouvoir souverain, et qui réduisant la jurisprudence à la connaissance de ce que des auteurs avaient dit, substituaient à la volonté du souverain, celle du magistrat chargé d'exécuter ses dispositions ou du jurisconsulte qui devait les expliquer. Ces plaintes, bien qu'elles se ressentissent de l'exagération qu'on portait dans tout ce qui pouvait servir à décrier les anciennes institutions, n'étaient malheureusement que trop fondées : et quelles qu'aient été les raisons d'attaquer les anciennes législations, c'est à elles que nous devons l'avantage d'avoir non seulement mieux apprécié ces abus, mais aussi d'en avoir trouvé le remède.

Cependant toutes ces plaintes ne conduisaient qu'à connaitre la source dont provenaient les abus : les déclamations les plus éloquentes ne pouvaient y subvenir, et peut-être seraient-elles demeurées infructueuses comme celles des chanceliers Bacon et de l'Hôpital, si un prince doué d'un génie extraordinaire n'eut commencé à exécuter, ce qu'on n'était pas encore à même de projetter en d'autres pays. Pendant que les philosophes du dix-huitième siècle tonnaient en France contre les lois existantes, le grand Frédéric regnait en Prusse et venait pour ainsi dire de créer ce royaume dont il avait étendu les limites et consolidé la puissance ; il assurait sa prospérité intérieure en encourageant le commerce, les manufactures, les arts ; lui-même il cultivait les sciences et la littérature ; il s'entourait des personnes plus instruites ou il entretenait avec eux des correspondances suivies ; par dessus tous il affectionnait les philosophes français. Jaloux de réunir toute espèce de gloire, grand roi, grand guerrier, poete et littérateur, il voulut réaliser ce que ses correspondans demandaient à hauts cris, et le premier en Europe à introduire une législation positive, il publia le *code frédéric*. Ce n'est pas ici le lieu d'apprécier cette législation ; mais il est certain qui si les Français ont la gloire d'avoir fixé plus positivement l'attention des souverains sur un point aussi important, l'Allemagne peut révendiquer l'honneur d'avoir eu la première législation positive.

La promulgation du code frédéric ferma la bouche à tous ceux qui avaient prétendu qu'il était impossible de faire un nouveau code civil , sans exposer l'état à une ruine totale : et si des lacunes ou des défauts défiguraient ce travail, du moins fut-il reconnu qu'il suffisait de la volonté prononcée du gouvernement pour faire cesser l'anarchie du droit civil. Dès ce moment on vit dans tous les pays des projets de code se presser les uns sur les autres, et quelques gouvernemens suivirent ou se proposèrent de suivre l'exemple de la Prusse.

Enfin la révolution française éclata ; et un des premiers objets de la sollicitude de tous les gouvernemens qui se succédèrent avec rapidité, fut la promulgation d'un code constant et uniforme. Les lois criminelles avaient encore plus besoin d'une réforme que les lois civiles : leur influence sur l'état de la société paraissait plus grande, et dès l'an 1791 un nouveau code criminel parut en France. La marche étonnante que prit cette révolution, le peu de stabilité des formes du gouvernement, plusieurs autres causes retardèrent la confection d'un code civil, et quoique au mois de brumaire an 4 un nouveau code criminel eut été décrété, il s'écoula un espace considérable de tems avant que les bases de l'administration fussent assises sur un pied assez solide pour songer à une législation uniforme. Des lois émanées de l'autorité du moment avaient déjà introduit des changemens importans : elles avaient souvent été rapportées, modifiées ou étendues, par des lois postérieures, mais elles avaient ébranlé les fondemens de l'ancienne jurisprudence ; les grands corps de magistrature qui auraient pu s'opposer à l'introduction des nouveautés avaient disparu par suite des événemens politiques : un gouvernement même dépourvu d'énergie pouvait faire exécuter tout ce qui était statué. Ce n'est que longtems après, et lorsque la monarchie eut rendu au gouvernement la fermeté nécessaire, que

la France a vu combler ses vœux par
la sanction d'une législation uniforme
dans le code napoléon, les codes de procédure civile, de commerce, d'instruction criminelle, et le code pénal : cette législation régit les départemens de
l'empire sans aucune différence entre
ceux qui fesaient partie de l'ancienne
monarchie française, et ceux qui ont
été réunis depuis ; elle a été adoptée
par plusieurs nations voisines, soit en
entier, soit avec quelques modifications.

Tous ces changemens ont donné
naissance à une multitude de questions
transitoires, plus fréquentes à mesure qu'on se rapproche de l'époque de
l'introduction de la loi nouvelle, et
surtout selon que ces lois différent
des anciennes. Les anciens départemens de la France quoique régis par
des coutumes diverses, avaient cependant
plusieurs principes généraux admis dans
toutes les parties de cette monarchie, et
la plupart de ces principes ont passé en
entier ou avec quelques changemens

dans la législation actuelle : les codes y sont en vigueur depuis longtems, et cependant il ne se passe guères d'année, qui ne soit marquée par quelque question éclatante qui doit son origine au changement des lois. Quel ne doit pas être le nombre de ces questions dans des pays dont l'ancienne jurisprudence était entièrement opposée, et qui n'ont passé que depuis un moindre espace de tems sous l'empire des codes ?

Dans quelques cas particuliers le législateur s'est occupé des questions transitoires ; c'est ainsi qu'elles ne peuvent se présenter en matière criminelle. Le décret impérial du 23 juillet 1810 porte que les cours et tribunaux appliqueront aux crimes et aux délits les peines prononcées par les lois pénales existantes au moment où ils ont été commis : que néanmoins si la nature de la peine prononcée par le nouveau code pénal était moins forte, ce serait cette peine qui serait appliquée. La jurisprudence de la cour de cassation a étendu cette disposition à l'instruction criminelle (1), mais au civil il n'existe aucune loi générale sur cet objet.

Malgré la fréquence de ces questions, l'importance dont elles peuvent être et la difficulté de trouver les principes de leur solution, peu d'auteurs s'en sont occupés. Le principal ouvrage sur cette matière est celui de M. Chabot de l'Allier, actuellement conseiller en la cour de cassation et inspecteur des facultés de droit, intitulé: *Questions transitoires sur le code napoléon*, 2 vol. in 4°., ouvrage dans lequel l'auteur déjà renommé pour la profondeur de ses connaissances, s'est acquis un nouveau titre de gloire, qui décèle à chaque page le jurisconsulte éclairé et savant, et dont l'érudition peu commune s'étend sur toutes les parties de la jurisprudence romaine et française. Cependant M. Chabot n'a pas voulu donner un ouvrage élémentaire; lui-même s'en est expliqué dans son introduction, et

―――――――――――

(1) Voir entr'autres l'arrêt du 6 Mai 1813.

l'ordre alphabétique qu'il a adopté s'y opposait : il a traité chaque question dans le système de l'ancienne législation, de celle du code napoléon et de toutes les législations intermédiaires en France : il s'est principalement attaché à examiner à fond toutes les questions qu'il a énoncées, et non à former un système général. Malgré le mérite éminent de cet ouvrage, il ne peut contenir que des matériaux pour établir ce système : il est d'ailleurs local et uniquement destiné aux anciens départemens de la France : enfin depuis qu'il a paru, la jurisprudence a été fixée sur plusieurs points alors indécis.

Il doit encore exister un ouvrage du professeur Blondeau sur les questions transitoires, que j'ai envain tâché de me procurer, et dont par conséquent il m'est impossible d'apprécier l'utilité.

L'introduction du code napoléon dans plusieurs départemens de la France, ou dans des états indépendans, qui avaient ci-devant fait partie de l'Allemagne a fixé l'attention de plusieurs auteurs Allemands sur ces questions, et la méthode presqu'entièrement philosophique d'étudier le droit généralement reçue en Allemagne, pouvait donner lieu d'attendre un système complet. Lassaulx, Grolman et d'autres ne les avaient touchées qu'en passant, mais le célèbre WEBER, professeur à Lubeck donna en 1811 un petit volume, intitulé: *Ueber die rückanwendung positiver gesetze*, dans lequel il s'est préposé de traiter des questions transitoires. Malgré les éloges que mérite sous plus d'un rapport le savant auteur, les bases de son raisonnement ne paraissent pas assez sûres, l'application de ses principes insuffisante, et surtout peut-on lui reprocher de ne pas avoir assez consulté le droit positif et la jurisprudence établie, qui seules peuvent faire adopter ou rejetter une théorie.

Nonseulement le défaut d'auteurs sur cette matière la rend par conséquent susceptible d'un nouvel examen, mais la diversité apparente des lois, la contrariété supposée entre les arrêts des cours et entre les opinions des jurisconsultes ont tellement découragé ceux qui l'ont tenté, que plusieurs auteurs ont désespéré de ramener les questions transitoires à des principes fixes. L'arretiste Sirey, les savans rédacteurs d'un journal allemand des plus accrédités (1) ont déclaré formellement qu'ils ne croyaient pas à la possibilité d'établir des principes généraux pour décider ces questions.

Lorsqu'au premier de mars 1811 les codes de l'empire français furent introduits en Hollande, le peu de rapport de cette législation avec toutes celles qui avaient précédemment régi ce pays y firent naître une quantité de questions transitoires : ce fut surtout au tribunal de première instance à Amsterdam qu'on pût s'appercevoir de leur nombre et de leur difficulté. Ce tribunal, le seul de l'empire qui soit composé de quatre chambres, et qui ne le cède qu'au tribunal de la capi-

_______________

(1) Heidelbergische Jahrbücher, janv. 1811, § 41.

tale pour la multiplicité des causes qui y sont portées, s'en trouva encombré. Dénué de secours étrangers pour juger ces questions, je fus contraint de me former un système ; et j'eus la satisfaction de m'appercevoir que mes principes pouvaient suffire à tous les cas qui se pré, sentaient, et que leurs résultats étaient en général conformes à la jurisprudence reçue. Je communiquai mes idées à quelques amis et entr'autres au savant TIEDEMAN, professeur en droit à l'université de Leide, et membre correspondant de l'institut de Hollande : non seulement il approuva mes vues, mais il m'engagea à les rendre publiques avec tant de persuasion, que je ne pus me refuser à cet encouragement.

J'ai donc résolu de soumettre au public, ce qui n'était dans l'origine destiné qu'à mon usage particulier, et pour utiliser autant que possible mon travail, j'ai dans la première partie tâché d'établir des principes généraux pour les questions transitoires, considérées indépendament de toute législation positive: dans la seconde partie je n'ai pu avoir en vue que l'introduction du code napoléon, mais du moins autant qu'il m'a été possible, j'ai fait abstraction des législations antérieures. Si mes principes sont vrais, ils seront applicables partout où de nouvelles lois seront introduites; ils le seront surtout dans les départemens nouvellement réunis à l'empire, et dans les pays où le code napoléon est reçu.

C'est dans la même vue que je me suis servi du français, quoique cette langue ne soit pas celle dans laquelle je me serais exprimé avec le plus de facilité; mais la langue des lois mêmes est plus propre à éviter toute difficulté qui peut résulter de leur traduction. Il est d'ailleurs un devoir d'employer autant que possible la langue française dans les contrées les plus récemment réunies à l'empire, non seulement par rapport au gouvernement qui n'en admet d'autre que par des raisons de nécessité momentanée, mais aussi par rapport à son utilité même, l'étude des sciences ayant de tout tems exigé une langue générale, telle que jadis le latin, et comme le français l'est devenu de nos jours pour plus d'une branche. Cette utilité se fait sentir bien plus vivement encore lorsqu'il s'agit non d'un objet de pure spéculation, mais de l'application des lois, lorsque les différens points de vue sous lesquels la législation en général peut être considérée dans des pays précédemment régis par des principes particuliers et réunis maintenant sous la domination française, augmentent l'intérêt que cet objet peut inspirer, et servent à mieux faire apprécier les difficultés que produit l'introduction d'une nouvelle loi, et à mieux saisir le véritable esprit de cette loi, lorsqu'enfin l'unité du gouvernement *français*, de la législation *française* constituent le point de réunion de toutes ces provinces jadis étrangères l'une à l'autre.

Si mes nombreuses occupations, surtout celles de l'instruction criminelle que je partage avec deux de mes collègues dans un ressort aussi étendu que celui d'Amsterdam ne m'ont pas empêché de conserver rang et séance au civil, et de m'appliquer à une partie aussi essentielle du droit, du moins pourront-elles rendre raison du peu de soin que j'ai pu mettre à cette production, et je ne puis la présenter au public que comme un apperçu sur des principes qui méritent un développement plus soigné et surtout une application plus suivie.

# PRINCIPES



## SUR LES

## QUESTIONS TRANSITOIRES,

CONSIDÉRÉES INDÉPENDAMMENT DE TOUTE LÉGIS-
LATION POSITIVE, ET PARTICULIÈREMENT
SOUS LE RAPPORT DE L'INTRODUCTION
DU CODE NAPOLÉON.

———

La justice est la cause la plus durable de la prospérité des peuples; la societé en général est intéressée à ce qu'elle soit assise sur des bases fixes: et c'est à ce principe que nous devons une nouvelle législation uniforme et constante, dont les parties sont liées entr'elles. Depuis longtems le besoin d'une pareille législation s'était fait sentir dans toutes les parties de ce vaste empire, et déjà les départemens où elle n'a été introduite que très récemment en recueillent les fruits. Mais si aucune considération ne peut balancer l'avantage d'une législation invariable, l'introduction des lois nouvelles a dû

A

causer des changemens considérables et donner naissance à des questions importantes. Quelles sont les règles d'après lesquelles il faudra décider, lorsqu'un acte passé sous les lois anciennes, un droit ou une exspectative acquise sous ces lois, doivent recevoir leur exécution ou leur complément sous l'empire du code napoléon ? Ce sont des questions de cette nature, connues sous le nom de questions transitoires qui non seulement doivent se présenter dans toutes les causes portées devant les tribunaux des parties de l'empire nouvellement assujetties à ce code, mais qu'on rencontrera encore pendant bien longtems dans les départemens mêmes où depuis des années le code a été exécutoire.

Rien, dirait-on au premier abord, de plus facile : la loi ne peut avoir un effet rétroactif; c'est le principe le plus naturel. Le droit romain a reconnu cette verité : la loi 7e. au code, *de legibus*, dit en propres termes: *leges et constitutiones futuris certum est dare formam negotiis, non ad facta praeterita revocari:* le code napoléon l'a consacrée dans l'art. 2: *la loi ne dispose que pour l'avenir; elle n'a pas d'effet rétroactif;* nous en convenons parfaitement ; mais les obligations nées sous l'ancienne loi qui n'ont pas encore reçu leur exécution, mais les testamens non confirmés par la mort, mais les droits dépendans d'une condition non encore existante, mais les causes pendantes et non terminées, mais une foule de cas pareils qui se présentent journellement, exigent qu'il soit fixé d'autres principes d'après lesquels on puisse se guider pour décider ces questions.

Quelquefois le législateur a jugé à propos de s'expliquer sur quelques points de la plus grande importance ou qui pouvaient causer des embarras nuisibles au bien public, témoins les lois sur les adoptions du 25 germinal an XI, sur les divorces du 26 germinal an XI, sur l'état des enfans naturels du 14 floréal an XI, l'art. 2281 du code napoléon sur les préscriptions commencées sous les lois anciennes, quelques articles du décret impérial du 4 juillet 1811 sur les substitutions existantes dans les départemens anséatiques : mais dans les autres questions qui peuvent se présenter il n'y a que des principes tirés de la nature de la législation, confirmés par l'analogie des dispositions de la loi dans des cas pareils, par l'expérience des siècles consignée dans les précieux recueils du droit romain, par la jurisprudence des cours souveraines et surtout de la cour de cassation, qui puissent éclairer le jurisconsulte : et ces principes sont d'autant plus nécessaires que le juge ne peut refuser de donner une décision sous prétexte de l'insuffisance, de l'obscurité ou du silence de la loi, au risque d'être poursuivi comme coupables d'un déni de justice, et que par là il n'est pas facile de se procurer une interprétation authentique de la loi ; tandis que les cours, quoique leurs arrêts soient toujours d'un grand poids, ne peuvent prononcer par voie de disposition générale et reglémentaire, ni par conséquent fixer définitivement la jurisprudence de leur ressort.

Quelles que puissent être les difficultés qui s'opposent à la recherche des vrais principes d'après lesquels ces questions doivent être jugées, nous nous proposons de découvrir dans les lois mêmes les premiers élémens, les véritables bases de la législation, dont toutes dispositions particulières ne sont que des conséquences plus ou moins éloignées : nous chercherons à remonter à l'origine même de ces lois, à tracer la suite des idées du législateur, et par conséquent à établi, ce que le souverain doit avoir voulu pour les cas non exprimés, d'après ses dispositions expresses.

S'il est en matière de législation comme en jurisprudence une vérité incontestable, c'est qu'aucune loi n'est arbitraire : les formes peuvent varier à l'infini, et il appartient au législateur de les fixer d'après les circonstances particulières dans lesquelles il se trouve, soit en se conformant à l'usage reçu en quelques lieux, soit en introduisant de nouvelles dispositions d'après ses propres vues: mais le fond de la loi repose sur les bases invariables de la morale universelle, sur les devoirs de l'homme et du citoyen. Quelqu'opposés que soient les points de vue dont les législateurs de différens pays sont partis, quelque contradictoires que soient les coutumes locales, jamais ce qui est juste en un endroit ne pourra être considéré comme injuste dans un autre. Les Romains n'exigeaient pour le mariage que le consentement des parties et de ceux dont ils dépendent; d'autres lois requièrent la bénédiction sacerdotale; plusieurs coutumes ne regardaient le mariage comme parfait qu'après la consommation: le code napoléon exige la publication des bans, et et la célébration devant l'officier de l'état civil : mais le mariage n'en était pas moins à Rome comme en France, un lien indissoluble qui unit les époux (1).

Une législation parfaite serait celle où toutes les dispositions dériveraient de principes généraux et fixes, qui doivent leur origine à la nature des lois, et où les formes particulières seraient toutes motivées par des raisons suffisantes. Une telle législation ne peut être l'ouvrage de l'homme, et dans l'état d'imperfection de nos facultés, il faut se contenter de celle qui en approche le plus. Le droit romain, cette collection qui semblait avoir épuisé les forces de la sagesse humaine, vient dans presque toute l'Europe de faire place à des législations nouvelles plus conformes aux circonstances actuelles : la législation française surtout a tiré parti des lumières des compilateurs des lois romaines et de ceux qui les ont commenté ; elle a rempli les lacunes qui s'y trouvaient, et qui devaient leur

---

(1) Nous ne considérons ici que la destination primitive, énoncée dans la définition du mariage. *L. 1 D. de ritu nuptiarum.*

origine au changement des relations sociales; elle a retranché ce que ces mêmes changemens avaient rendu superflu; en un mot, elle rendra un témoignage indélébile de la gloire du monarque qui a entrepris ce travail, qui a su choisir les personnes dignes d'y coöpérer, qui a mis à fin ce grand ouvrage, et qui a contribué de ses propres lumières à sa perfection.

Cependant quels que soient les avantages que la législation actuelle peut avoir sur le droit romain dans l'état où se trouve la société en général et relativement aux progrès de la civilisation, des lumières et du commerce, elle n'est pas encore assez longtems introduite pour qu'elle ait subi l'élaboration (qu'il nous soit permis de nous servir de cette expression), que le tems seul peut lui procurer. Le corps de droit romain compilé dans les écrits des jurisconsultes les plus renommés, et dans les lois rendues par les souverains pendant plusieurs siècles, avait dès le moment qu'il fut rendu public l'avantage sur plusieurs des législations modernes, nonseulement d'être universellement connu, mais encore de ne s'écarter en rien des principes reçus. Le choix que fesait l'empe-

reur Justinien entre deux opinions controver-
sées pouvait mettre fin à toute question ultérieure ; mais soit qu'il adoptât le sentiment des
Proculejens, soit qu'il embrassât l'opinion des
Sabiniens, sa décision ne pouvait embarras-
ser les jurisconsultes, et les principes qui
l'avaient dicté leur étaient déjà connus. La
mesure si sagement suivie par les compilateurs du digeste et du code de citer en tête
de chaque fragment l'ouvrage du jurisconsulte ou la constitution de l'empereur dont il
était tiré, devait encore faciliter la connaissance du droit nouveau à ceux qui s'étaient
précédemment appliqués à l'étude des lois.

Lorsqu'ensuite le droit romain fut généralement reçu en Europe, plusieurs siècles
virent un nombre infini de glossateurs, d'in-
terprètes, de commentateurs s'attacher au
corps de droit romain, en peser tous les
mots, toutes les expressions, enfin en tirer
les conséquences les plus éloignées, souvent
très utiles, quoique parfois absurdes, même
ridicules (1). Ce travail qui n'a souvent pro-

______

(1) Cette expression n'est pas outrée, quand on voit
un jurisconsulte renommé déduire des mots d'une constitution de l'empereur Antonin sur le droit maritime,

duit que des futilités, servit cependant à faire connaître le droit romain nonseulement dans ses dispositions mais dans ses principes, à établir un système de droit déjà indiqué dans les institutes de Justinien, et par conséquent à rendre l'étude du droit plus méthodique et plus utile. C'est à ce travail qu'est due la manière reçue jusqu'ici d'étudier le droit et dont on ne pourra se passer jusqu'à ce que la nouvelle législation soit suffisamment fixée et connue, que ses principes soient établis systématiquement, prouvés par la loi même et suivis jusque dans leurs conséquences les plus reculées. Jusqu'à ce moment qui peut-être n'est pas aussi éloigné qu'on pourrait le croire, l'étude du droit romain sera indispensable à celui qui veut connaitre les grands principes de la législation, le système du droit, et conséquemment qui veut se pénétrer de l'esprit du code napoléon et des autres codes qui en sont le complément, qui veut les comparer avec les législations des autres peu-

-----

que l'empereur d'Allemagne a le droit de déposer tous les rois de l'Europe. *Peckius ad L.* 9. *D. ad Legem Rhodiam de jactu.*

**A 5**

ples, et se mettre en état d'en apprécier la valeur et le mérite (1).

Pourquoi, dira-t-on, le législateur qui doit connaître mieux que tout autre les principes qui ont dicté les lois, ne donne-t-il pas les règles que nous cherchons à établir ? Cette question, qui pouvait être débattue dans un moment de révolution, où des idées exagérées et prétendues philosophiques agitaient tous les esprits, ne peut causer aucune difficulté. Le législateur doit donner des lois, c'est-à-dire des préceptes d'après lesquels chacun de ses sujets est tenu de régler ses actions; il rend public le résultat de ses vues, mais il ne peut également publier les bases sur lesquelles il s'est fondé : il ne peut s'exposer au reproche de celui qui ayant mal raisonné sur les mêmes principes se défendrait en imputant au législateur d'avoir

_______________

(1) Il ne s'agit pas ici de juger la sagesse de la législation romaine si longtems admirée, et qui même après l'introduction d'un nouveau code conserve à juste titre une autorité très marquée; nous ne considérons que l'étude de ce droit comme introduction à toute véritable jurisprudence.

déduit une conséquence fausse des mêmes
principes. Supposons que le législateur au
lieu de fixer positivement les obligations des
parties contractantes, aurait borné la loi à des
préceptes généraux d'après lesquels ces obligations pourraient être reglées, et qu'une des
parties aurait, par une application mal fondée
de ces préceptes, méconnu ses devoirs, la fau-
te ne pourrait elle pas être imputée au législa-
lateur même? Quoique le droit romain, surtout le digeste composé de fragmens des anciens ouvrages de droit, contint beaucoup de
principes généraux, les jurisconsultes auteurs
de ces écrits avaient reconnu cette vérité:
*legis virtus hæc est, impèrare, vetare, per-*
*mittere, punire*, dit la loi 7ᵉ. au digeste
*de legibus.*

Ce n'est pas un des moindres avantages de
la nouvelle législation que d'avoir réuni en
quelque façon le raisonnement au précepte,
et d'avoir ainsi tracé la route de celui qui recherche le véritable esprit de la loi, en pu-
bliant les motifs de ces lois, et les débats
qui ont eu lieu au conseil d'état à l'occasion
de chaque article du code : c'est faire parti-
ciper le jurisconsulte aux vues du législateur,
le mettre dans sa confiance, lui ouvrir une

voie pour saisir le sens de la loi et l'appliquer aux cas nouveaux qui peuvent se présenter. La nécessité de motiver les jugemens et arrêts imposée à tous les tribunaux sans exception est une heureuse innovation qui favorise beaucoup la véritable jurisprudence : et si les arrêts même de la cour de cassation n'ont aucune force obligatoire , il est néanmoins très intéressant de suivre la marche des idées du premier corps judiciaire chargé par le gouvernement de régulariser la marche de la justice. Quelle différence entre les anciens recueils d'arrêts , dans lesquels l'espèce de chaque cause est rapportée par l'arrêtiste , sans qu'on puisse s'appercevoir s'il n'a pas entièrement dénaturé les faits , et qui donnent la décision du juge sans qu'aucune preuve puisse être alleguée du motif qui l'a determiné. Actuellement plus de doute si le cas est semblable à celui auquel on veut l'assimiler, plus d'incertitude sur l'application que le juge a cru devoir faire de la loi. Cependant tous ces avantages ne suffisent pas pour établir un système complet et suivi du droit français : ce n'est qu'au tems et à un travail assidu à consolider et à fixer cette jurisprudence au point qu'elle puisse se passer de l'étude du droit romain par voie d'introduction.

Nous n'osons pas nous flatter d'avoir pénétré dans ce sanctuaire des lois, mais nous nous proposons de donner quelques vues sur l'effet que doit avoir l'introduction d'une loi nouvelle sur les actes antérieurs; de rechercher les principes qui doivent guider le juge et le jurisconsulte dans ces questions épineuses; de comparer nos résultats avec les dispositions du droit en général et des lois françaises en particulier; enfin d'appliquer ces principes à plusieurs cas qui se présentent assez fréquemment.

---

La loi en général est la règle que le souverain prescrit à ses sujets : c'est la définition la plus universelle, et qui ne peut être contestée ; et cette seule notion de la loi peut déjà servir à nous faire connaitre quelques limites, que ses effets ne peuvent dépasser. Comme on ne peut prescrire des règles à ce qui est déjà passé, la loi ne peut être rétroactive : comme elle est l'émanation de la volonté du souverain, elle ne peut obliger ceux qui ne sont pas ses sujets ; et voilà deux des préceptes les plus universels et les plus sacrés en législation.

Cependant, quoique ces deux préceptes soient également reconnus partout parce qu'ils tiennent à la nature même du pouvoir législatif, ils ne doivent pas être étendus au delà de leur véritable sens: la notion de la loi pourra encore servir à en fixer les bornes. S'il est des personnes qui indépendantes d'un souverain sous certains rapports, lui sont soumises sous d'autres, elles seront tenues d'obéir à ses lois pour ce qui concerne ces intérêts. Si la règle que le souverain prescrit à ses sujets pour l'avenir contient des obligations opposées aux effets d'une obligation antérieure, ces effets doivent être modifiés. C'est ainsi que les étrangers sont tenus de se conformer aux lois du pays où ils se trouvent; que leurs immeubles sont régis par la loi du territoire dans lequel ils sont situés; que les effets d'une convention antérieure sont quelquefois suspendus par une loi prohibitive d'une date plus récente. Les deux préceptes que nous venons d'établir ne sont donc pas suffisans pour déterminer avec précision les effets d'une nouvelle législation, et il sera nécessaire de recourir à d'autres, qui doivent néanmoins être puisés dans l'esprit de la loi même et indépendamment de toute considération particulière.

Toute loi est fondée sur un motif d'utilité générale, lequel cependant peut être inconnu au public : s'il peut exister des lois qui paraissent ne pas reposer sur cette base, c'est que celui qui la juge telle n'en a pas pénétré le motif, ou que le législateur lui même s'est trompé à cet égard: mais toujours il doit être censé n'avoir envisagé que l'intérêt général. Or cette même utilité publique est aussi le fondement de tout engagement obligatoire dans l'état civil: envain considère-t-on un acte moralement obligatoire, il serait et devrait être nul aux yeux de la loi civile, si ses effets seraient contraires à l'intérêt de la société; et au contraire l'intérêt de la société dont on fait partie peut prêter une force obligatoire à des engagemens qui par eux mêmes et indépendamment de l'état social ne pourraient produire aucun effet: c'est cette utilité générale qui constitue la différence du droit naturel au droit positif considéré abstraitement, et qui fait distinguer l'obligation naturelle et imparfaite de la parfaite ou civile, distinction scrupuleusement observée par les jurisconsultes romains.

Dans les cas de prohibition d'une convention pour cause d'utilité publique, seule cause suffisante d'une pareille prohibition, la même raison peut exister pour défendre les effets des conventions semblables quoique contractées antérieurement. Selon que le législateur juge ces conventions nuisibles à l'intérêt de la société, il peut les prohiber pour l'avenir en laissant subsister celles qui sont déjà contractées, ou bien il peut étendre sa prohibition même aux conventions antérieures non exécutées, ou enfin il peut révoquer celles qui ont déjà reçu leur pleine et entière exécution. C'est principalement lorsqu'on parvient à découvrir une manière indirecte d'éluder la loi, qu'on voit annuller même les conventions qui ont déja été exécutées, et cette mesure est alors d'autant plus juste, que la nouvelle loi est interprétative d'une loi antérieure, dont elle fait partie et devient le complément. On en trouve un exemple frappant dans les lois romaines : déjà les anciennes lois défendaient de donner des gages sous condition qu'ils seraient acquis de droit au créancier à défaut de payement de la part du débiteur dans un certain terme ; et c'est à des exceptions ou plutôt à des limitations de cette règle dont on étendait les conséquences au delà de l'intention du législateur , que font allusion deux rescrits, l'un des empereurs Sévère et Antonin, dont il est parlé dans la loi 16. § 9. au digeste *de pignoribus* , l'autre de l'empereur Alexandre dans la loi 1e, au code *de pactis pignorum*. Comme il parait , ou que cette loi était tombée en désuétude , ou qu'on avait trouvé des moyens de l'éluder , l'empereur Constantin rendit l'édit qui se trouve consigné dans la loi 5e. au code *de pactis pignorum.* Par cet édit non seulement des contrats le plus souvent usuraires sont prohibés pour l'avenir , mais cette disposition est rendue commune même à ceux qui étaient antérieurs à la loi , et l'empereur veut que les créanciers soient tenus de restituer les gages , sauf leur action en remboursement des deniers avancés. L'utilité générale de cette disposition suffisait pour la motiver : mais comme il est rare que cette utilité soit aussi pressante, et que ce cas ne se présume pas, il est nécessaire que le législateur déclare sa volonté en termes formels ; et ce n'est qu'alors que la loi aura l'effet rétroactif qu'il n'est pas permis de supposer.

Il peut cependant se rencontrer des cas, où l'on peut appliquer une législation postérieure à des actes consommés, mais non exécutés sous la loi abrogée, à défaut même d'une pareille déclaration; et ce sont ceux qui font le principal objet de nos recherches. En effet il n'y a aucune difficulté à décider, lorsque le législateur s'est prononcé d'une manière déterminée, et il n'appartient alors aux sujets que de s'y conformer : mais il est du devoir du juge et du jurisconsulte d'examiner quelle est la volonté probable du souverain, quelle par conséquent doit être la règle à suivre, lorsque le législateur n'a pas déclaré positivement sa volonté, et ce sont les principes qui servent à découvrir cette volonté probable, dont nous avons à nous occuper.

Indépendamment des principes que nous avons établis il en est un autre dont personne ne peut contester la vérité, et qui cependant est fécond en conséquences : c'est celui qu'une loi ne peut vouloir l'impossible. Or il est impossible de respecter des formes, d'observer des solennités qu'on ignorait au moment où l'obligation a été contractée : nulle loi ne peut donc exiger dans un acte quelconque des formalités, qui n'étaient pas reçues, lorsque cet acte a été fait. Delà cette règle générale que tout acte doit être jugé d'après la loi qui régissait les parties, au moment qu'il a été fait, quelles que puissent être les dispositions d'une législation nouvelle. Un acte rédigé d'après les lois, revêtu des formes nécessaires, doit toujours avoir force obligatoire parceque la loi qui exigerait dans cet acte des formes introduites postérieurement, ou qui n'accorderait pas à un pareil acte les mêmes effets, que s'il avait été fait sous la loi nouvelle et d'après son voeu, mènerait à des consequences absurdes.

Mais cette raison n'est pas la seule pour faire valider tout ce qui a été fait d'une manière légale et selon la forme voulue par la loi du moment, indépendamment de toutes les dispositions d'une loi postérieure ; il est une autre raison qui confirme cette règle et qui est également incontestable. Celui qui a légitimement acquis un droit quelconque ne peut en être dépouillé. Révoquer en doute ce principe , serait attaquer les droits sacrés de la propriété et sapper le fondement de toute société humaine ; ce serait surprendre la religion des parties contractantes qui ne se sont déterminées à prendre les engagemens qu'elles se sont imposées volontairement qu'en considération des avantages que la loi leur promettait , et sans lesquels ils auraient, par une convention particulière modifié leurs obligations. Le motif d'utilité publique à part, aucune loi ne peut priver un individu des droits qu'il a acquis d'une manière légitime ; et même alors il est des formes qu'il convient de ménager; celui qui perd ses droits doit être indemnisé, au moins faut-il une disposition expresse du souverain, qui à raison de cette utilité publique prononce en termes formels cette privation des droits acquis.

Les deux premiers principes pour décider les questions transitoires à défaut d'une loi expresse, sont donc les suivans:

1°. Tout acte doit être jugé par les lois en vigueur au moment où il a été fait;

2°. Une nouvelle loi ne peut porter aucune atteinte aux droits légitimement acquis avant son introduction.

Il est plusieurs conséquences qui dérivent de ces principes fondamentaux , et des restrictions qui en modifient l'application , que nous allons examiner succinctement.

———————

Dans tout acte quelconque on peut considérer deux parties , dont le concours est nécessaire , mais qui sont essentiellement distinctes , et par leur nature même sujettes à des règles différentes , c'est la forme et le fond. Cette observation n'a pas échappé aux commentateurs du droit romain , et c'est principalement en traitant des testamens qu'ils se sont soigneusement occupés de cette distinction. Les règles préscrites par les lois sur le fond , contiennent ce qu'ils appellent *solennitates internæ* , et sont non seulement d'une toute autre nature que les *solennitates externæ* ou les règles sur la forme , mais leur violation a des effets entièrement différens , et que les jurisconsultes romains se seraient gardés de confondre un moment. Cette même distinction peut être appliquée aux contrats , aux donations , enfin à tout engagement qui peut être la matière du droit.

B 5

En généralisant cette distinction ; on pourra dire que tout ce qui regarde la capacité des personnes , la matière de l'obligation , le consentement des parties , appartient aux solennités internes ou au fond , mais qu'au contraire ce qui tient à la manière d'énoncer le consentement ou la volonté , fait partie des solennités externes ou de la forme. Ainsi dans une disposition testamentaire la capacité du testateur , celle du légataire , les lois sur les dispositions permises ou prohibées , la part disponible , etc. , appartiendront au fond ; le nombre des témoins , la manière de déposer le testament , les termes solennels si la loi en requiert , dépendront des lois sur la forme : dans un contrat , ce sera la loi sur le fond qui réglera le droit des parties et l'effet des conditions stipulées , mais le contrat sera reçu verbalement ou par écrit , il sera censé parfait avant la délivrance ou seulement par cet acte , selon les dispositions de la loi sur la forme.

Si nous appliquons cette distinction au premier des principes que nous avons posés et au raisonnement qui lui a servi de base , nous serons dans le cas d'expliquer quelques conséquences de ce principe. La

loi ne peut vouloir l'impossible : elle ne peut
donc vouloir qu'un acte soit assujetti à des
formes, qui n'étaient pas connues lorsqu'il a
été fait : or on n'a pu prévoir les formes qu'une nouvelle loi pourrait exiger ; on
n'a donc pu s'y conformer d'avance et les
parties seraient lésées si des lois postérieurement introduites annulleraient un acte, dans
lequel toutes les formes de la loi alors existante auraient été observées : les parties ont
manifesté leur intention de se soumettre aux
préceptes de la loi : elles auraient observé
d'autres formalités, si ces formalités leur eussent été connues : ne serait-ce pas surprendre leur bonne foi , si une loi postérieure
rendait leur disposition inutile et sans effet ?
Le législateur ne s'arrogerait-il pas une autorité sur ce qui a été fait précédemment et
avant qu'il eut le droit d'exiger l'obéissance ?
Enfin avec quelle sécurité pourrait-on s'engager , si on risquait de voir dépendre la
validité d'un contrat ou d'une obligation de
formalités inconnues lorsque l'engagement a
été pris , formalités qu'on ne pouvait prévoir et auxquelles par conséquent il était
impossible de se conformer ? La stabilité des actes est un des premiers fondemens de toute

sécurité civile, et le principe de la non-rétroactivité des lois ne peut être plus solidement établi que dans tout ce qui regarde la forme extérieure des actes.

Mais en est-il de même du fond ? C'est une question entièrement différente, et qui doit être résolue par des argumens d'une autre nature. Il ne tient pas aux parties de s'attribuer la capacité de faire les actes que la loi leur défend, ou de leur interdire ce que la loi permet : il ne dépend pas d'eux de se régler sur les dispositions de la loi : ils ne peuvent donc se plaindre que leur bonne foi ait été surprise, lors qu'une nouvelle loi introduit de nouvelles dispositions. Il ne s'agit plus de la stabilité des actes parfaits, mais de ceux qui n'ont pas reçu encore leur complément, et il n'est plus de cette importance de conserver les mêmes droits. Nous ne traitons pas en ce moment des cas où il y a des droits acquis ; ces cas rentrent dans l'application de la seconde règle ; mais nous parlons de ceux dans lesquels un acte n'a encore attribué aucun droit, et qu'une loi rendue obligatoire postérieurement à cet acte, admet d'autres dispositions soit sur la capacité des parties, soit sur la matière de l'engagement , soit de toute autre manière sur le fond.

Supposons qu'après qu'un testateur a fait ses dernières dispositions , une nouvelle loi lui ôte la faculté de disposer, déclare le légataire incapable de recevoir , ou prohibe l'institution même ou ses conditions ; sera-ce toujours la loi du moment auquel le testament a été fait, qui en réglera les effèts? Il serait difficile de l'admettre. Le testateur aurait pu dresser le testament sur papier libre ou timbré ; il l'aurait pu faire par devant notaire ou olographe, selon la forme que préscrivait la loi alors en vigueur ; il suffit qu'en se conformant à la loi existante il ait manifesté son intention d'observer les formalités requises, pour faire naître la présomtion qu'il aurait observé les formes nouvelles, s'il avait pu les prévoir : il serait donc injuste d'annuller le testament pour défaut de forme , et de faire dépendre sa validité d'une circonstance que le testateur aurait évitée s'il avait pu la connaitre d'avance : mais lors même qu'il aurait pu prévoir l'incapacité absolue ou relative, l'invalidité matérielle de sa disposition, il ne tenait pas à lui de prévenir les défauts qui

vicient son testament d'après les lois nouvelles. Il aurait pu faire le testament en
forme authentique s'il avait sçu d'avance que
sa validité en dépendrait, mais il n'aurait pu
changer la fixation de la légitime, quand
même cette fixation lui aurait été connue.

Cette vérité devient encore plus frap-
pante, quand il s'agit d'une nouvelle loi
prohibitive. De quel droit voudrait-on admettre les conséquences d'un acte que le législateur a cru devoir réprouver, quand
même cet acte aurait été précédemment permis? Lorsque le souverain a jugé que l'intérêt public s'oppose à des distinctions ou
des droits anciennement autorisés, pourquoi
un particulier rendrait-il cette disposition
illusoire? Et quoiqu'on ne puisse pas donner
des lois à ceux qui ne sont pas soumis au
pouvoir du législateur, pourquoi ne pourrait-on restreindre aux droits compatibles avec
l'utilité générale, seule base de toute loi, les
effets d'un acte antérieur?

Il y a plus : cette utilité générale peut
même faire appliquer une loi nouvelle à la
forme des actes antérieurs : lorsqu'on veut
attacher aux actes une importance qu'ils n'a-
vaient pas précédemment, lorsqu'on veut

qu'ils acquièrent une certaine publicité , le législateur peut exiger que les actes, quoique faits avant l'introduction de la loi, soient revêtus des formalités , qu'il préscrit pour l'avenir, mais il doit alors donner aux parties contractantes l'occasion de se conformer à ses dispositions, et fixer un tems utile pour refaire les actes antérieurs auxquels on veut continuer leurs anciens effets, ou faire produire de nouveaux. Dès qu'une telle disposition est insérée dans la loi même , il n'y a plus lieu de se plaindre que la bonne foi ait été surprise, parceque le législateur a ouvert la voie de conserver et de faire valoir les droits antérieurs : il n'a pas préscrit des lois à ceux qui n'étaient point sujets à son pouvoir, mais il a indiqué les mesures à prendre pour l'exercice des droits qu'on tiendrait des actes, soit antérieurs, soit postérieurs.

La distinction entre les règles sur la forme et sur le fond ne se borne pas au droit civil; la procédure elle même peut être considérée sous ce double aspect. Il est vrai que la plus grande partie de la procédure se rapporte à la forme , mais il est cependant plusieurs lois sur la procédure qui tiennent essentiellement au fond du droit des parties. Si les formalités et le délai des assignations, celles des plaidoieries, des instructions par écrit ne sont que des matières de pure forme ; les voies d'exécution, la contrainte par corps, les provisions regardent plus spécialement le fond. Comme cependant la plus grande partie de ce qui tient aux droits du fond pourra être convenablement traité, lorsque nous parlerons des droits acquis, on peut admettre comme règle générale que la procédure doit se régler d'après les lois en vigueur, non au moment où le droit sur lequel on plaide s'est ouvert, mais au moment de la procédure. Cependant toute la cause ne formant qu'un seul tout, et chaque acte de la procédure ne pouvant être isolé et détaché de ceux qui le précèdent et le suivent, la procédure doit être considérée comme indivisible, et la loi sous laquelle elle a été entamée sera celle qui devra régir tous les actes de la cause jusqu'à sa fin (1) :

_____________

(1) Par la suite nous aurons l'occasion de développer ce qu'il faut entendre par le fond de la cause, d'après un avis du conseil d'état approuvé par S. M. le 16 février 1807.

en effet la procédure ne peut être un as-
semblage incohérent d'actes , entre lesquels il
n'y aurait aucune connexité; elle doit au contraire , et sa nature même l'exige, dériver
les actes subséquens de ceux qui les précédent, dont ils ne sont que le développement:
il serait donc absurde d'introduire une nouvelle forme dans des causes déjà pendantes , et de déduire des premiers actes de
la cause, des conséquences qui ne pouvaient
y être contenues, qui même ne pouvaient être
prévues.

D'après ces raisonnemens nous croyons
pouvoir établir quatre règles comme corollaires du premier principe :

1°. La forme des actes doit être jugée
d'après les lois en vigueur au moment
auquel cet acte a été fait;

2°. Lorsque le législateur a fixé une époque avant laquelle des actes peuvent être refaits avec les formalités
préscrites par une loi nouvelle, après
l'expiration de ce délai, tous les actes
quoiqu'antérieurs , doivent être jugés d'après cette loi , même pour la
forme;

" 3°. " La procédure doit être réglée par les
lois en vigueur au moment qu'une
cause est entamée;

" 4°. Le fond des actes doit être jugé d'a-
près les lois en vigueur au moment
auquel l'exécution en est demandée,
sauf les restrictions en faveur des
droits acquis. —

---

Si nous passons maintenant à l'examen
du second de nos principes, qu'une nouvelle
loi ne peut porter atteinte aux droits précédemment acquis, l'application de ce principe dépendra en grande partie de cette question : quand peut-on considérer un droit
comme acquis ? Il ne peut exister aucun
doute lorsque le droit est ouvert, et que
celui auquel il appartient peut à tout moment intenter une action, qui lui en assure
la jouissance ; mais quand l'obligation n'est
pas pure, qu'elle est astreinte à un terme,
à une condition certaine ou incertaine, ce
droit peut-il être censé acquis?

En considérant la dénomination même de
*droit acquis*, il paraît assez clair qu'on ne
peut comprendre sous ce nom que les droits

qui sont devenus la propriété de celui qui les exerce : en effet du moment qu'il y a un propriétaire d'une action quelconque, on ne peut raisonnablement disputer qu'elle ne lui soit acquise , tandis qu'il est impossible de se faire une idée d'un droit qui serait acquis à quelqu'un, à moins que ce droit ne fasse partie de son patrimoine. Or qu'est ce que la propriété ? C'est le droit de jouir et de disposer d'une chose de la manière la plus absolue; et personne ne peut être contraint de le céder ( 1 ). Du moment donc qu'on est le maitre de jouir et de disposer d'un droit de la manière la plus absolue , qu'on ne peut être contraint de le céder , ce droit est acquis dans toute la force du terme.

Non seulement ce qui nous est dû et peut être exigé de suite , mais ce qui nous est dû à terme, est au nombre de ces droits acquis, quel que puisse être l'éloignement du terme: il en est de même de l'obligation conditionelle, et les lois civiles fixent les droits de ceux, dont les créances sont dépendantes d'une condition ( 2 ). Que cette condition

_______________

(1) Code Napoléon , art. 544 et 545.

(2) Code Napoléon, art. 1179 et 1180.

soit suspensive ou résolutoire; que l'incertitude de l'événement dont elle dépend soit absolue ou rélative, la loi ne fait aucune différence, et l'obligation conditionnelle comme l'éventuelle sont des droits véritablement acquis. On appelle droit éventuel, celui qui dépend d'une condition absolument incertaine, c'est-à-dire lorsqu'il est incertain nonseulement à quelle époque l'événement duquel elle dépend aura lieu, mais encore si jamais cet événement existera, comme la survivance de l'un des époux; et elle diffère de l'obligation conditionnelle, dans laquelle il est certain que la condition existera, mais où l'époque de son existence est incertaine, comme le décès d'une personne. Quant aux droits acquis, cette distinction qui peut être de quelque utilité dans d'autres matières, ne peut faire aucune différence.

La véritable marque, le caractère distinctif des droits non acquis est la révocabilité, non celle qui dépend d'une condition résolutoire, soit insérée expressément dans l'engagement, soit tacitement présupposée, mais celle qui dépend de la volonté d'une des parties. Tout acte qu'on peut révoquer à volonté ne donne aucun droit dont on pu puisse jouir ou disposer de la manière la plus absolue : on perd ce droit selon les désirs de celui de qui dépend la révocation de l'acte dont il est la conséquence. Tel est le droit d'un légataire avant que le testament ait été confirmé par le décès du testateur ; celui d'un héritier ab intestat auquel la loi n'a pas assigné ou réservé une partie des biens , et qui à tous momens peut être privé de la succession , quand un autre est institué legataire universel.

Lors donc que nous avons posé en principe qu'une loi ne pouvait porter atteinte aux droits antérieurement acquis , ce n'est que des droits qui n'étaient pas révocables à volonté qu'il faut entendre cette règle. En effet si, à moins d'une considération majeure et d'intérêt général, on ne peut priver personne de sa propriété, de l'autre coté il serait injuste de vouloir limiter le législateur dans des bornes trop étroites. Pourquoi le législateur ne pourrait-il préscrire la révocation d'un droit, qu'une des parties pouvait révoquer à son gré ? De quelle lésion peut se plaindre celui dont les droits étaient dépendans du moindre caprice d'un particulier ?

Cependant comme il ne peut exister au-

C

cun droit acquis sans une personne à laquelle ce droit compète, il est nécessaire qu'il y ait une personne existante aux yeux de la loi qui puisse le faire valoir : et celui qui n'aurait pas eu le droit de l'exercer avant l'introduction de la nouvelle loi ne pourrait se plaindre d'aucun changement à son préjudice. Il ne suffit donc pas qu'il y ait un droit préexistant à la loi nouvelle pour que ce droit doive être jugé par les lois abrogées, il faut encore que ce droit ait avant l'introduction de la loi été acquis à une personne existant civilement, c'est-à-dire capable d'avoir des droits, soit déjà née réellement, ou par une fiction de la loi. De même que la loi ne considère pas l'existence de celui qui est déclaré incapable des droits civils, et qui par cette raison est réputé mort civilement (1), de même aussi elle reconnait comme existant l'enfant conçu quoique non encore né, pourvu que par la suite il naisse viable (2).

-------------------------------------------------------------

(1) *Tit. D. de capite minutis. Code Napoléon*, art. 22 et suivans.

(2) *L.* 7. *D. de statu hominum. Code Napoléon*, art. 725.

Or pour l'exercice d'un droit dans l'état social, il est nécessaire d'avoir les conditions requises par la loi pour cet exercice, et ces conditions suffisent pour déterminer la capacité : il faut donc que la personne dont le droit acquis sera jugé d'après la loi abrogée, soit civilement existante lors de l'introduction de la loi nouvelle.

Le second des principes que nous avons posés se réduit donc aux deux règles suivantes :

1°. Les droits acquis, c'est-à-dire ceux qu'une personne civilement existante avait, soit purement, soit à terme, soit sous une condition suspensive ou résolutoire, absolument ou relativement incertaine, ne peuvent être reglés d'après les nouvelles lois ;

2°. Les droits révocables à volonté ou qui au moment de l'introduction des lois nouvelles n'étaient pas dévolus à une personne alors civilement existante, doivent être reglés d'après les lois nouvelles.

———————

Lorsqu'un acte doit être jugé d'après une loi abrogée, il est encore une autre question qu'il convient d'examiner, savoir jusqu'où cette application de l'ancienne loi doit s'étendre. Souvent rien de plus facile à juger que les conséquences d'un acte ou l'ouverture d'un droit, surtout si les suites en sont bornées dans un petit espace de tems : mais quand un acte a des suites étendues ou éloignées, quand un droit ne s'ouvre que longtems après l'événement auquel il doit son origine, il est quelquefois bien plus difficile à décider, si ces conséquences doivent être réglées par les lois anciennes. A l'occasion de cette difficulté on doit distinguer les suites nécessaires et immédiates d'un acte où d'un droit, et les conséquences accidentelles et éloignées. Les suites nécessaires ou immédiates sont celles qui dérivent de la nature même de l'acte ou de l'exercice du droit, sans lesquelles il serait de nul effet : les conséquences accidentelles ou éloignées sont celles qui ont lieu à l'occasion de cette exécution, mais qui ne sont pas indispensables pour obtenir l'effet de l'obligation. Dans un contrat de vente la délivrance de la chose vendue, le payement du prix et les actions de l'acheteur comme du vendeur en sont des suites immédiates et nécessaires ; le droit de résoudre la vente l'est également d'un pacte de réméré ajouté à ce contrat ; mais la rescision pour cause de lésion n'en serait qu'une conséquence accidentelle et éloignée , parcequ'elle n'est pas inhérente au contrat, qui peut recevoir sa pleine et entière exécution , sans qu'il soit question de lésion.

Tout ce qui est une suite immédiate et nécessaire d'un acte ou d'un droit doit être censé en faire partie ; au contraire les conséquences éloignées sont entièrement étrangères à son exécution. Il serait absurde d'admettre la validité d'un acte et de rejetter ce qui est indispensable pour en assurer la jouissance , mais il n'est pas nécessaire d'appliquer une loi abrogée à tous les cas qui peuvent se présenter à l'occasion d'un acte antérieur. Ce qu'on ne pouvait prévoir, ce qui ne doit pas nécessairement faire partie de l'exercice d'un droit précédemment irrévocable, ne peut être considéré comme acquis, et celui qui ne pouvait profiter de la disposition de la loi que dans un cas possible , n'a pas par cela seul un droit ouvert et exigible, n'a aucun autre droit dépendant même d'une condition incertaine.

On pourrait objecter que le droit qu'a une des parties contractantes de faire rescinder le contrat pour lésion énorme, ne pouvait être révoqué à volonté, et que se trouvant ainsi dans la catégorie des droits acquis, il ne peut être régi par une nouvelle loi, introduite depuis que ce droit a existé : et comme cette objection peut paraître spécieuse, elle mérite un examen plus sérieux qui nous conduira en même tems à fixer avec plus de précision les bornes de la règle que nous avons établie.

La principale raison par laquelle un droit acquis ne peut être régi par une loi rendue exécutoire après que ce droit est né, mais qu'il demeure soumis à la loi du moment auquel l'engagement est pris , était que la loi ne peut abuser de la bonne foi des parties: or ces parties ont envisagé au moment de l'engagement les dispositions de la loi existante, ou du moins elles ont pu les avoir en vue; elles n'ont donc voulu s'engager qu'aux termes de ces lois, et peut-être ne se seraient-elles pas déterminées à se soumettre aux obligations contractées, si ce n'est en faveur des droits que

la loi leur assurait : il se peut que sous une
autre législation , elles n'auraient pas stipulé
ou auraient fait d'autres conditions. Dans
les engagemens gratuits , le donateur peut
n'avoir voulu s'obliger à d'autres devoirs que
ceux qui lui étaient connus, et qui existaient
au moment de la donation. Les dispositions
de la loi peuvent donc être considérées comme clauses tacites de toute obligation contractée sous cette loi, et la volonté des parties de se soumettre à ces dispositions est
clairement manifestée par cela seul qu'elles
n'ont point fait de stipulation contraire : elles doivent être aussi sacrées et aussi obli-
gatoires pour les parties , qu'aucune autre
clause expresse insérée dans l'engagement.

Mais quelles sont les dispositions de la
loi que les parties peuvent être censées avoir
tacitement sous-entendues au contrat ? Sont-ce
toutes les dispositions législatives qui pourraient recevoir quelque application lorsqu'il
s'agit d'exécuter cet engagement ? Ou bien
cette volonté présumée doit-elle être bornée
à ce qui tient immédiatement et nécessairement à cette exécution ? Nous croyons que
l'affirmative de cette dernière proposition ne
peut être sujette à aucune difficulté. Lors-

qu'on vend un héritage sans aucune clause expresse, il est clair qu'on n'a en vue que le droit commun tel qu'il existait au moment de la vente pour les obligations auxquelles les parties se soumettent; mais ce serait une supposition plus que hazardée de dire, qu'elles sont censées avoir songé au décès de l'une des parties et des droits qui résulteraient de la vente à l'occasion de l'ouverture de cette succession. Les conséquences nécessaires sont en quelque sorte inhérentes au droit dont elles font partie, elles peuvent avoir déterminé les parties contractantes ou avoir modifié leurs conventions, mais on ne peut supposer que lors du contrat les parties aient réglé leurs stipulations d'après les dispositions de la loi dans tous les cas possibles qui pourraient survenir à l'occasion du contrat. Le principe donc, que les droits acquis quoique non ouverts et même éventuels pourvu qu'ils ne soient pas révocables à volonté, sont régis par la loi ancienne, doit être restreint aux seules suites immédiates et nécessaires de ces droits, et ne peut recevoir aucune application à des conséquences éloignées ou accidentelles.

L'état d'une personne est le composé de la

série de tous ses droits et de leur exercice;
il comprend les droits et les devoirs civils
qui se renouvellent toujours, et qui à chaque
moment sont indépendans du moment précédent: l'état d'une personne ne peut donc être
jugé que par la loi actuellement en vigueur.
Autre chose est le droit acquis par l'engagement contracté, autre chose la capacité d'une
personne pour s'engager. Le contrat célébré
avec une personne capable de s'obliger, confère un droit qu'aucune loi postérieure ne
peut révoquer; mais il ne s'ensuit pas que par
une législation postérieure, cette personne ne
puisse être privée de la faculté de contracter à l'avenir de pareils engagemens. On ne
peut plus objecter que cette personne s'est
déterminée à s'imposer des devoirs en considération du droit qu'elle avait: il ne tient pas
à un particulier de s'attribuer l'exercice d'un
droit civil; c'est la loi seule qui lui accorde
ou refuse cette faculté, et il n'a pris aucun
engagement pour se la procurer: il ne peut
donc invoquer la règle fondamentale sur les
droits acquis, et quoique la loi ne puisse
priver de leurs droits ceux qui ont valide-
ment contracté, elle peut attribuer ou révoquer l'exercice des droits civils ou d'une par-

tie de ces droits à l'égard d'un ou de plusieurs individus, et cette disposition doit être obligatoire , même pour ceux qui par l'effet d'une loi antérieure avaient perdu ou acquis cette faculté. La loi dispose pour l'avenir ; mais tout aussi bien qu'elle peut pour la suite prohiber un acte précédemment licite, ou permettre ce qui était défendu , sans porter atteinte aux droits irrévocablement acquis , de même elle peut contenir une pareille disposition moins générale et qui ne concerne individuellement qu'une certaine classe de personnes, c'est-à-dire qui fixe leurs droits personnels ou leur état.

Il est donc encore deux principes que nous pouvons ajouter à ceux que nous avons posés :

1°. Si un droit acquis ou un acte antérieur à la nouvelle loi doit être régi par le droit ancien , ce n'est que pour ses conséquences nécessaires et immédiates et non pour les suites accidentelles ou éloignées ;

2°. L'état des personnes, quant à l'exercice des droits civils, doit toujours être reglé par la loi du moment.

En résumant ce que nous croyons avoir démontré jusqu'ici, les règles sur l'application des nouvelles lois aux cas antérieurement existans, se réduiront aux huit principes suivans, dont les conséquences peuvent décider toutes les questions transitoires :

1°. La forme des actes doit être jugée d'après les lois en vigueur au moment que ces actes ont été faits ;

2°. Lorsque le législateur a fixé un certain tems pendant lequel les actes antérieurs doivent être refaits d'après les formalités préscrites par les lois nouvelles, ce seront ces lois qui, passé ce délai, doivent régir les anciens actes comme les nouveaux ;

3°. L'état des personnes quant à l'exercice des droits civils doit toujours être régi par la loi du moment ;

4°. La procédure doit être reglée par les lois du moment auquel la cause est entamée ;

5°. Le fond des actes doit, sauf les restrictions posées sur les droits acquis, être jugé par les lois en vigueur au moment auquel l'exécution doit avoir lieu ;

6°. Les droits acquis, c'est-à-dire ceux qu'une personne civilement existante possédait irrévocablement, soit purement, soit à terme, soit sous une condition quelconque même incertaine, suspensive ou résolutoire, doivent être reglés d'après les lois anciennes ;

7°. Cependant même dans ces cas, la loi ancienne ne peut régler que les conséquences nécessaires et immédiates d'un acte antérieur ou d'un droit acquis : les suites accidentelles ou éloignées sont au contraire régies par les lois nouvelles ;

8°. Les droits révocables à volonté, ou qui au moment de l'introduction d'une législation nouvelle n'étaient pas dévolus à une personne civilement existante, doivent être jugés d'après cette nouvelle législation.

Il est presqu'inutile de dire que toutes ces régles n'étant puisées que dans la nature des lois en général, et confirmées par l'analogie des principes manifestés en toute occasion par le législateur lui-même, ne peuvent s'appliquer aux cas où la loi s'est expliquée

en termes précis. Dès que l'utilité publique a motivé une disposition particulière et
expresse , et qu'une loi a décidé sur un
cas quelconque, il n'appartient plus au jurisconsulte d'examiner quelle serait la disposition du droit commun, mais il doit se soumettre et respecter la volonté manifestée par
le législateur. Ainsi il suffit que par une loi
particulière il ait été statué sur les adoptions faites antérieurement ou sur les droits
des enfans naturels reconnus avant l'introduction du code napoléon , les principes que
nous avons exposés ne pourront être applicables à ces cas particuliers, qu'autant qu'ils
sont conformes aux lois sur ces différens objets : des considérations majeures ont pu moti-
ves des dispositions analogues ou contraires,
et il n'est plus du ressort de la jurisprudence
de s'en occuper : elle ne peut que développer
les conséquences de ces lois. Mais aussi ces
lois particulières ne peuvent être appliquées
à d'autres matières, ni détruire la généralité
de nos principes qu'autant que la volonté du
législateur se serait déclarée sur ce point. Si
les règles sur l'application des lois postérieures aux cas préexistans ne peuvent donc décider les questions sur des matières, auxquel-

les il a été pourvu par des lois spéciales, ces lois spéciales seules ne peuvent faire rejetter des principes généraux sur les questions transitoires (1).

———

Jusqu'ici nous n'avons considéré les principes de l'application des lois nouvelles et les limites de leur rétroactivité que sous un point de vue général : mais cette méthode d'établir des principes, quoiqu'elle puisse paraître spécieuse, ne peut donner aucun résultat certain, à moins que ce résultat ne soit confirmé par les lois mêmes, par leur analogie entr'elles, par la jurisprudence établie, par tout ce qu'on entend sous la dénomination générique de *droit positif:* il conviendra donc de passer à un examen suivi de

———

(1) Une législation positive pourrait faire adopter d'autres principes généraux, pourvu que le législateur se soit déclaré en termes exprès. C'est ainsi que le code introduit au premier janvier 1812 dans la monarchie autrichienne a établi en règle générale, que tout acte passé avant son introduction serait jugé constamment et dans tous ses effets par les lois anciennes.

ces principes en les comparant avec ce que le droit positif établit à ce sujet, et ce n'est qu'après les avoir fait passer à ce creuset, et les avoir appliqués aux dispositions expresses des lois comme produits de l'expérience journalière, que nous pourrons regarder ces principes comme véritablement démontrés. Cette recherche servira en même tems à reconnaître s'ils sont suffisans pour juger les questions qui se présentent en foule, ou s'il sera besoin de recourir à d'autres pour les décider.

Il suffit cependant d'un seul moment pour entrevoir toutes les difficultés que présente la tâche que nous allons entreprendre. En effet où trouver des lois positives sur les questions transitoires, surtout lorsqu'on veut éviter celles où des considérations particulières ont nécessité des dispositions spéciales, et pu induire le législateur à s'écarter des principes qu'il aurait suivi à l'égard des matières ordinaires? Où chercher des décisions législatives dans des cas analogues, qui puissent guider les recherches auxquelles on doit se livrer? Quelles données peut-on avoir sur le véritable esprit de la loi, et sur ce qu'il faut attribuer aux dispositions que le législateur a voulu établir comme droit commun, ou ce qui constitue un droit spécial ? Et cependant toutes les règles qu'on peut donner ne sont que des guides peu sûrs, si elles ne sont appuyées de la volonté du législateur : il faudra donc examiner attentivement quelles sont les bases sur lesquelles on pourra asseoir ce raisonnement.

Quoique le nouvel état de la jurisprudence, après une législation positive et plus complette que toute autre qui l'ait précédée , n'admette pas de droit subsidiaire, il n'est cependant aucun doute sur l'influence que le droit romain doit exercer sur toutes les décisions, principalement dans les points qui ne sont pas suffisamment éclaircis. Les lois d'un peuple si longtems maître du monde connu et policé, ce modèle de sagesse humaine, quoiqu'insuffisant dans l'état plus avancé de civilisation, servira encore longtems de base à toute étude de droit, et ses préceptes vaudront, sinon comme émanés du pouvoir législatif, du moins comme code de raison écrite. Ce seront donc les lois romaines qui devront être consultées en premier lieu, aussitôt qu'il s'agit de fixer un principe général, et qu'on voudra établir des règles indépendantes d'une disposition particulière à de certains cas.

Il existe une autre autorité, bien moins respectable à la vérité que les lois romaines; mais qui peut cependant être consultée avec quelque fruit ; ce sont les lois postérieures au droit romain, qui ont eu une autorité générale par toute l'Europe, le droit féodal et le droit canon. Si ces deux compilations ne peuvent être comparées au droit romain pour l'uniformité du système, pour la sagesse des principes, pour l'application fixe et invariable de ces mêmes principes, il est cependant vrai qu'ayant eu force de loi dans l'Europe entière, elles ont plus ou moins d'influence sur les lois et coutumes de chaque pays, et que par suite de cette influence ayant coöperé à fournir les matières de la nouvelle législation, elles peuvent servir à éclaircir des obscurités ou des doutes, quoiqu'on ne puisse recourir à ces recueils qu'avec la plus grande circonspection.

Dans la législation actuelle il existe des lois transitoires, soit générales et pour tous les cas dans quelques articles du code, soit particulières et seulement applicables à quelques circonstances. Ce sont principalement les premières de ces dispositions législatives, qui doivent servir aux recherches que nous nous proposons : mais les lois qui ne s'occupent que des cas existans peu,vent fournir des matériaux précieux pour juger des principes généraux sur les questions transitoires. Cependant comme dans ces dernières lois il peut, et même il doit se rencontrer des dispositions commandées par des circonstances particulières aux cas sur lesquels elles ont été faites, il faudra tâcher de distinguer soigneusement, ce qu'elles renferment de dispositions générales d'avec celles qui ne s'appliquant qu'à leur objet, s'écartent de ce que le législateur aurait voulu sous d'autres circonstances.

Il se peut aussi que dans le silence absolu de la loi sur un point si intéressant, on pourrait trouver des cas analogues à celui que nous traitons, et les dispositions de la loi dans ces cas seraient de la plus grande utilité, non-seulement pour juger de ce que le législateur a pu vouloir, mais principalement pour discerner ce qu'il faut attribuer aux principes généraux ou ce qui au contraire tient aux circonstances particulières dans les lois spéciales.

Enfin la jurisprudence peut répandre des lumières sur ce que le législateur n'a point énoncé, ou sur ce qu'il n'a pas indiqué avec assez de clarté. Il est vrai qu'aucun tribunal, aucune cour de justice n'a le pouvoir de faire des lois, ni même de disposer par voie réglémentaire : mais lorsque les arrêts surtout de la cour suprême chargée de régulariser l'exercice de la justice dans tout l'empire, et de veiller à l'exécution des lois, confirment un principe, il acquiert une force qui ne peut être contestée, et qu'une disposition expresse du législateur pourrait seule révoquer. Les arrêts des autres cours, quoique d'une moindre autorité, peuvent également servir à fixer ce qu'on appelle la jurisprudence des arrêts, surtout s'ils sont constans dans les mêmes principes. Cette jurisprudence peut devenir d'autant plus utile, que tous ces arrêts étant motivés ne peuvent laisser aucun doute sur les principes qui ont guidé les cours, et consacrent par là ces mêmes principes par l'autorité de ces corps respectables de magistrature. En joignant aux arrêts les opinions de quelques magistrats et jurisconsultes les plus célèbres, qui ont donné leurs opinions sur divers points, on peut parvenir à établir, comme par le résultat général de l'expérience, des principes sur l'ap-

plication des lois. Cependant cette jurisprudence, quelque constante et générale qu'elle
puisse être, ne saurait jamais être censée équi-
valente à l'autorité d'une loi expresse: elle a
d'ailleurs le désavantage d'une trop grande
étendue, et surtout celui de pouvoir varier
par la suite des tems.

Voici donc la marche que nous nous proposons de suivre dans la recherche des principes
sur la rétroactivité des lois. Nous examinerons les dispositions du droit romain, féodal
et canon sur les lois transitoires: nous tâcherons de découvrir les dispositions qui se
trouvent à ce sujet dans les codes mêmes, ainsi que les principes généraux qui dominent
dans les lois particulières: nous rechercherons
les dispositions sur les cas analogues, s'il en
existe: enfin si toutes ces recherches auront
confirmé nos principes, nous examinerons
quelques principaux points établis par la jurisprudence, et nous verrons si leurs conséquences sont adoptées par les cours comme
par les premiers jurisconsultes.

Quand on considère les fréquens changemens qu'a éprouvé la législation romaine,

la multitude de lois et de constitutions qui se sont suivies, et dont la dernière n'avait souvent d'autre but que de révoquer les précédentes; quand on songe aux raisons qui ont nécessité les compilations des codes grégorien et hermogénien, dont nous n'avons que des restes informes, la collection plus connue du code théodosien et enfin la rédaction des trois parties qui ont constitué le droit romain sous l'empereur Justinien; lorsqu'on y joint encore les nombreuses novelles de cet empereur et de ses successeurs, on a tout lieu de s'attendre à trouver dans ces lois un système complet sur toutes les questions transitoires que cette succession de lois a dû faire naître à tous momens. Mais lorsqu'on consulte le corps de droit pour y chercher ces principes, on se trouve surpris de ne rien rencontrer qui puisse seulement en faire soupçonner l'existence. Un coup d'œil sur l'histoire du droit romain suffit pour faire cesser tout l'étonnement, que ce silence absolu aurait pu causer.

Il est inutile de faire observer que l'ensemble du droit romain, cette partie qu'on admirera à jamais pour la sagesse, la profondeur et l'invariabilité de ses principes, n'est pas composée des constitutions éparses de quelques empereurs d'Occident, et de ceux d'Orient, mais des écrits des anciens juris-consultes et de leurs fragmens conservés et revêtus d'une sanction impériale législative dans le digèste. C'est là, et non dans le code que la véritable jurisprudence doit être apprise; c'est dans ces écrits que se trouvent rassemblés et réunis en système, ces principes sacrés et inviolables d'une justice reconnue par tous les peuples et par tous les âges, et qui rendent l'étude du droit romain utile et nécessaire, lors même qu'une nouvelle législation adaptée aux circonstances actuelles de la civilisation a remplacé les dispositions de ces lois. Le code, quoique de la plus grande utilité pour celui qui veut connaître le résultat des lois romaines, ne tient cependant à ce système précieux, que parceque plusieurs des constitutions qui y sont contenues ont été dictées par des jurisconsultes imbus des anciens principes, et parceque ces constitutions mêmes tant pour l'ordre de leur réunion, que pour leur contenu, ont été subordonnées par Tribonien au système établi dans le diges-.te. Enfin les novelles, partie très-essentielle du droit romain, surtout en ce qu'elles abrogent souvent les lois antérieures, ne font pas partie d'un systême suivi, et ne sont pas même classées avec quelque méthode (1).

Ce n'est donc que dans les digestes, et cette partie des institutes qui en est extraite, qu'on doit s'attendre à trouver des principes généraux, et qui puissent être considérés comme indépendans d'aucune législation antérieure: mais les innovations en matière de droit n'étaient pas si communes du tems des jurisconsultes dont les écrits ont servi à compiler le digeste, que par la suite. Quoique dans les derniers tems de la république romaine (car c'est jusqu'à cette époque que remontent les auteurs, dont on retrouve des fragmens dans le corps de droit romain), les dictateurs et ensuite les premiers empereurs exerçassent un pouvoir aussi illimité que leurs successeurs, tant à Rome qu'à

------

(1) Non seulement que les novelles ne se suivent ni par ordre des matières ni par ordre chronologique, il n'est pas même certain à qui nous devons celui dans lequel elles sout placées dans l'édition dite *Vulgate* du Corps de droit. D'autres éditions comme celle de Haloander, de Scrimgerus n'ont ni cet ordre, ni le même nombre de constitutions.

D 4

Constantinople, cependant la législation civile ne souffrit que peu de changemens. Lors même que l'extension du territoire de l'empire, les relations plus directes entre ses diverses parties, les plus grandes richesses accumulées dans la capitale, la nouvelle organisation du gouvernement, les circonstances politiques ou le caprice des souverains nécessitaient quelques nouvelles lois, on suivait toujours les anciennes formes, et ces innovations se bornaient à quelques modifications des lois précédentes. D'ailleurs le pouvoir judiciaire se trouvait concentré entre les mains du préteur seul, qui pouvait, soit par un édit renouvellé annuellement, soit dans les jugemens, décider toutes les questions transitoires sans qu'il y eut quelques difficultés remarquables; et tant que cette forme dura, même après la publication de l'édit perpétuel, on n'en trouve aucune trace.

Il est vrai que dans les provinces qui successivement avaient passé sous la domination de l'empire romain, il devait se présenter de ces questions : mais les habitans de ces provinces étaient considérés comme des barbares ; dans plusieurs contrées, surtout vers le nord, comme dans la Gaule, la Germa-

nie, la Grande Bretagne, la Pannonie, même en Espagne et en Afrique, ils pouvaient
mériter en quelque manière cette dénomination :
et si en Asie les peuples conquis par les ar-
mes romaines pouvaient leur objecter une
civilisation du moins aussi avancée , on ne
fesait pas assez d'attention à l'état des vain-
cus pour y attacher quelqu'importance ; le
proconsul gouvernait sa province despotique-
ment, sans s'arrêter à ce que les lois pussent
statuer à leur égard. Ce ne fut que par la
suite qu'on commença à considérer les habitans de ces pays conquis comme appartenant
à l'empire, et dignes de jouir de la faveur
des lois, et si le gouvernement tyrannique
et peu stable des empereurs après le deuxiè-
me siècle, causa la ruine de l'empire romain,
ce n'est que sous la monarchie qu'on voit
que les réclamations des habitans des provinces aient pénétré jusqu'au souverain.

Il n'y a donc plus lieu de s'étonner que
le digeste ne présente aucuns principes sur les
questions transitoires : les jurisconsultes paraissent même s'en être si peu occupés que
le principe de la non-retroactivité des lois
sur des cas antérieurement existans pourrait
bien avoir souffert des difficultés. Le juris-

consulte Ulpien, dans la loi 21e. au titre des lois donne comme une règle d'interprétation, que si la loi permet pour le passé, elle doit être censée défendre pour l'avenir. Cette règle prouve que la loi peut accorder une permission pour le passé, et présuppose nécessairement qu'elle aurait pu défendre même ce qui était antérieur au tems, où elle avait été donnée (1).

Ce n'est que dans le code et les novelles que l'on peut trouver ce que le droit romain contient de positif sur l'effet rétroactif des lois, et il suffit d'une connaissance même la plus superficielle de ce droit pour s'assurer d'avance qu'on n'y rencontrera que des dispositions éparses qui ne forment aucun

_______________

(1) Le célèbre Bynkershoek *Observ. Jur. Rom. Lib.* 8. *Cap.* 25, § 2. croit que cette loi ne doit pas être entendue d'une permission, mais d'un pardon, ce qui présupposerait une prohibition précédente: peut-être pourrait-on dire qu'aucune loi ne pardonne, et que les exemples qu'il allègue ne sont pas applicables à une loi, mais à des actes de souveraineté et de clémence. Quoi qu'il en soit, nous n'avons hasardé cette opinion que problématiquement, et elle n'entre pour rien dans notre résultat.

système. Le premier principe, que toutes ces constitutions des empereurs romains admettent, est la règle générale, que la loi ne peut régir que les cas postérieurs, et non ceux qui existaient avant son introduction : telle est la disposition expresse de la loi 7$^e$. au code, *de legibus ;* et plusieurs autres lois ont adopté cette maxime.

Cependant en examinant attentivement les différentes lois qui ont introduit de nouveaux points de jurisprudence, il n'est pas difficile de se convaincre, que cette règle souffrait des exceptions et des limitations; qu'elle était soumise à des interprétations selon la matière à laquelle elle était appliquée. La faveur des institutions religieuses ( 1 ), ou celle du fisc ( 2 ), l'intérêt que la société doit avoir à ce que les magistrats soient audessus de toute corruption ( 3 ), le danger des contrats usuraires ( 4 ) motivaient quelquefois une ré-

------

(1) *L.* 22. § 1. *L.* 23, § 2. *C. de sacro-sanctis ecclesiis.*

(2) *L.* 3. *C. de quadriennii praescriptione.*

(3) *L. unic.* § 4. *C. de contractibus judicum.*

(4) *L. ult. C. de pactis pignorum.*

troactivité, que le législateur prescrivait dans la loi même, et delà ce que porte la loi 7e. au titre *de legibus*, qu'une loi ne statue que pour l'avenir à moins d'une disposition expresse.

Mais indépendamment de cette volonté manifeste du législateur, souvent la nouvelle loi exerçait son influence même sur des cas existans avant son introduction: ainsi lorsque la preuve testimoniale fut prohibée dans tous les contrats qu'on était convenu de coucher par écrit, cette nouvelle législation fut étendue même aux contrats reçus antérieurement (1): la loi qui réduisit les intérêts à un taux fixe, exerça son autorité sur les contrats déjà faits, et limita tous les intérêts à écheoir après son introduction (2). La novelle qui donna des règles sur le mode de légitimation ne se borna pas à celles qui devaient avoir lieu par la suite, mais valida même toutes celles qui avaient été faites (3). Il y a plus: une loi particulière qui renou-

_______________

(1) *L. 17. C. de fide instrumentorum.*

(2) *L. 17. in princ. C. de usuris.*

(3) *Nov. 19.*

vella la faculté de se libérer des poursuites du cessionnaire d'un créancier en lui remboursant le prix de la cession, porte expressément, qu'il aurait été juste. d'accorder ce remède même à ceux qui auraient payé avant cette loi, mais qu'afin de ne pas user de la plus grande sévérité, et par une considération spéciale, l'empereur en restreint l'effet aux cas futurs (1). Il est donc hors de doute, que les lois étaient quelquefois rétroactives: tâchons de découvrir les principes qui ont pu faire naitre des lois si opposées.

En comparant entr'elles les dispositions de ces lois, nous croyons pouvoir réduire le principe général, que la loi ne dispose que pour l'avenir aux règles suivantes qui se rencontrent dans les lois romaines.

1º. La forme d'un acte doit être jugée selon les lois du moment où il a été fait, nonobstant toute innovation postérieure. Telle est la disposition expresse des lois sur les testamens lorsqu' une législation nouvelle exigea que le nom de l'héritier serait écrit de la main du testateur (2),

_______________

(1) *L.* 23. *§. ult. C mandati.*
(2) *L.* 29 *C. de testamentis.*

et quand elle préscrivit d'autres formalités (1);

2°. L'état des personnes était réglé par le
droit nouveau, et les préceptes que
le législateur donna sur le mode de
légitimation par le mariage subséquent s'étendirent également sur les
enfans antérieurement légitimés, qu'à
ceux qui ne devaient l'être que par
la suite (2);

3°. La procédure 'devait être réglée, par
le droit en vigueur au moment où
elle était entamée, au point même
que sur l'appel le juge ne pouvait
statuer que d'après les lois en vigueur lors de l'instruction en première instance (3);

4°. Lorsque l'acte n'est pas parfait et
que personne n'a encore un droit
acquis, on doit suivre les préceptes
de la loi nouvelle (4);

_______

(1) *Nov.* 66. *Cap.* 1. § 4.

(2) *Nov.* 19.

(3) *Nov.* 115. *praef. et Cap.* 1.

(4) *L.* 17. *C. de fide instrumentorum.*

5°. Quand il y a un droit acquis c'est l'ancienne loi qui doit être suivie (1).

A l'exception de ces cinq cas, qui rentrent parfaitement dans les règles que nous avons posées, le droit romain n'admet aucune rétroactivité des lois, que lorsque leurs termes exprés portent, qu'elles seront applicables même aux cas préexistans. Il est donc évident que tout ce qu'on peut induire des lois romaines confirme les principes que nous avions cru devoir admettre pour tous les cas où la loi ne s'est pas prononcée expressément, et qui par là sont hors du ressort du juge comme du jurisconsulte.

————————

Si le droit romain d'ailleurs si fécond en principes n'a pas donné de règles fixes sur la rétroactivité des lois, on ne peut pas s'étonner de ce que le droit canon, et le droit féodal ne présentent pas de résultat plus favorable. Le droit canon qui con-

————————

(5) *L. unic. in fine. C de rei uxoriae actione. L. ult. C. de suis et legitimis heredibus. L. 65. C. de decurionibus.*

tient en général les premières notions de la procédure actuelle, et dont on suit encore les préceptes sur plus d'un point, n'a pas cette universalité de principes qui font du droit romain la base de toutes les législations que des peuples policés ayent adoptées depuis, et ce que cette collection peut renfermer d'essentiel relatif au droit purement civil n'est pas dans une méthode assez systématique et rédigée sur un plan assez raisonné, pour qu'on puisse s'attendre à y trouver autre chose que des résultats.

Il est cependant quelques règles qu'on pourrait croire générales dans cette collection de lois : la rétroactivité y est généralement réprouvée, et les mots mêmes de l'empereur dans la loi 9e. au code, *de legibus*, se retrouvent dans une constitution des décrétales du pape Grégoire IX (1) : mais on peut douter avec raison, si même d'après les seuls préceptes de ce droit, cette règle doit être admise indistinctement et dans tous les cas, ou s'il ne se présenterait pas des occasions dans lesquelles le nouveau droit pourrait être appliqué même à des actes antérieurs.

La

______

(1) *Cap. ult. X de constitutionibus. Cap. 2. X. ibid.*

La compilation informe connue sous le nom de droit féodal mérite à peine le nom d'une législation : il se pourrait à la vérité que même dans des tems où les lois avaient si peu de stabilité, l'expérience eut appris la nécessité de décider d'une manière uniforme les questions transitoires qui devaient se présenter à tous momens ; mais c'est en vain qu'on y chercherait quelque principe général, ou même un assez grand nombre de résultats conformes pour en tirer une conséquence et établir un principe quelconque. Tantôt une disposition qui se fonde sur la constitution d'un pape statue que la loi n'aura de force que pour les cas à venir (1) : tantôt une loi criminelle statue pour le présent, le passé et le futur (2) : une autrefois un empereur en renouvellant une ancienne loi parait désapprouver que cette loi n'avait prévu que les cas à venir, et ajoute que pour mieux avoir égard à l'utilité publique, il casse toutes aliénations de fiefs faites sans le consentement des seigneurs suzerains, quelqu'ancienne que

------

(1) *Lib. I. Feud. Tit.* 7.

(2) *Constitutio Henrici VII de crimine majestatis.*

E

soit cette aliénation, et lors même qu'elle aurait été faite avant la première loi prohibitive (1).

Nous ne pouvons donc nous promettre
aucun secours dans nos recherches ni dans le
droit canon, ni dans la collection de coutumes et de constitutions des empereurs qui
forment ce qu'on nomme le droit féodal, et
s'il nous a été possible de trouver quelques
résultats dans le droit romain qui confirment
ce que nous avions annoncé, l'unique fruit
de l'examen de ces lois doit être, que s'ils
ne viennent pas à l'appui de nos principes,
du moins ils ne leur opposent aucune règle
contraire.

La législation actuelle contient aussi
plusieurs lois transitoires, dont les dispositions et plus encore les motifs peuvent nous
éclairer sur les principes généraux à suivre
dans la décision des questions, auxquelles un
changement dans les lois peut donner lieu :
mais plusieurs de ces lois ne contenant pas

_______________

(1) *Lib.* II. *Feud. Tit.* 55.  L'ancienne loi se trouve
*ibid. Tit.* 52 § 1.

de dispositions générales , il pourrait être plus convenable d'en examiner les effets quand il s'agira d'appliquer aux cas particuliers les principes que nous croyons avoir démontrés.

Il est surtout trois lois, qui par leur liaison intime avec le code napoléon méritent plus que toutes autres d'être consultées pour juger de l'intention du législateur sur la rétroactivité des lois en général : ce sont les lois des 25 et 26 germinal et du 14 floréal an XI sur les adoptions, les divorces et les droits des enfans naturels nés antérieurement à la publication du code civil. C'est dans ces lois , dans les discussions qui les ont précédées au conseil-d'état , et dans les discours des orateurs chargés par le gouvernement de les présenter à la sanction requise, que les principes sur la rétroactivité des lois se trouvent établis de la manière la plus lumineuse et la plus authentique.

Partout la règle posée dans l'art. 2 du code napoléon que la loi ne dispose que pour l'avenir, a été la première base de la décision donnée par le souverain, et soit que les droits ayent été ouverts et exigibles avant l'introduction du code, soit qu'ils n'aient été qu'éventuels, le législateur les a toujours respectés, pourvu qu'ils fussent irrévocables ; tandis qu'il a constamment assujetti aux dispositions des nouvelles lois, tous droits qui étaient r vocables à volonté.

C'est ainsi qu'une adoption faite valablement avant le code, est validée quoiqu'elle n'ait pas les conditions requises par cette nouvelle loi, si l'adopté à été majeur ; au lieu qu'en cas de minorité, l'adopté peut dans un tems déterminé faire cesser cette adoption, parceque sous l'ancienne loi l'adoption ne devenait irrévocable qu'à l'époque de cette majorité (1). Les droits de l'adoptant et de l'adopté sont réglés d'après les actes qui ont été faits antérieurement, quoique contraires aux lois postérieures ; mais à défaut d'actes, c'est la nouvelle loi qui règle les droits qui n'étaient pas fixés précédemment (2). Des motifs d'intérêt public ont fait admettre deux exceptions à ces règles: la première pour ceux qui ne voudraient pas faire à leurs enfans adoptés d'aussi grands avantages, en leur conférant le droit de se

_______________

(1) *Loi du 25 Germinal en XI. art. 1 et 2.*

(2) *Ibid. art. 3 et 4.*

déclarer dans les six mois ( 1 ) : la seconde en faveur des adoptés dont les droits auraient été fixés audessous de ce que le code leur accorde , en permettant une nouvelle adoption ( 2 ) : aussi le législateur s'est-il expliqué très positivement sur les raisons de ces deux exceptions. Les mêmes principes ont été adoptés dans la loi sur les divorces.

La loi sur l'état des enfans naturels a établi d'une manière encore plus positive la distinction que nous avons admise entre les droits révocables et irrévocables. En fixant d'après les nouvelles lois tout ce qui n'a pas été déterminé par la législation précédente, elle reconnait dans toute leur étendue les droits fixés par des conventions ou jugemens , quelle qu'en puisse être la quotité; elle reconnait aussi les droits reglés par des dispositions entre vifs et testamentaires , mais les assujettit au *maximum* comme au *minimum* admis par le code , parceque ces dispositions n'ont pas donné ouverture à un droit irrévocable.

-----

(1) *Ibid. art.* 4.

(1) *Ibid. art.* 6.

E 3

Nous ne pousserons pas plus loin l'examen des lois transitoires et positives qui ont été rendues pour des cas particuliers, tant parceque leurs dispositions ont souvent été modifiées par des circonstances qui les avaient rendu nécessaires, que parceque les discussions et les motifs de ces lois n'ayant pas toujours été rendu publiques, il est dangereux de se fier à ses propres lumières pour distinguer ce qui est dû aux principes généraux, et qu'ainsi on court le risque d'attribuer au législateur des vues qu'il n'a peut-être jamais eues. Nous nous réservons cependant de comparer ces lois aux conséquences que nous croyons pouvoir déduire de nos principes, lorsque l'occasion pourra s'en présenter, et que nous appliquerons plus particulièrement ces principes aux différentes parties de la législation civile et commerciale.

Avant de terminer ce que nous avons cru devoir dire sur les lois positives à l'égard des questions transitoires, il conviendra peut-être de jetter un coup d'œil sur les législations intermédiaires depuis les lois romaines, le droit canon et féodal, jusqu'à l'introduction du code napoléon, et un seul mot pourra suffire pour rendre raison du silence que nous avons cru devoir garder sur un aussi grand intervalle.

La première difficulté qui s'oppose à un examen de la législation de cette époque sur un point quelconque, est la diversité des lois et coutumes locales. En effet lorsqu'on veut juger de l'ancienne législation, il est impossible de ne pas se rapporter aux lois et coutumes de telle partie de l'immense empire qui se trouve régi par le code napoléon ; et il est certainement nécessaire de s'occuper de cette législation lorsqu'on veut décider une question transitoire qui se présente ; il s'agit alors de savoir quel était le droit ancien dans l'espèce : mais quand on ne se propose que d'examiner des principes généraux , il faut ou ne se rapporter à aucune législation spéciale ou les embrasser toutes, ce qui devient une impossibilité absolue. Comment rassembler sur un point quelconque les lois et coutumes de toutes les parties de l'ancienne France , de la Belgique , de la Hollande , de quelques parties de l'Italie et de l'Allemagne, qui n'ont jamais eu aucun point de contact entr'elles ? Comment d'un autre coté alléguer comme une autorité dans une partie de l'empire , ce qui peut-être n'est connu qu'à l'une des extrémités opposées?

En second lieu il serait assez difficile d'établir le système que ces lois et coutumes ont suivi ; opposées entr'elles , et souvent même peu d'accord avec leurs propres dispositions , elles n'offrent guères de principes sûrs et invariables. . Leurs motifs n'ayant d'ailleurs jamais été rendu publics, on pourrait s'égarer , et substituer ses propres raisonnemens aux vues des législateurs ; erreur toujours nuisible , mais qui devient surtout dangereuse quand on se permet légèrement de juger les intentions du souverain.

On aurait pu attendre quelques lumières des lois rendues depuis que la France réunie en un seul corps politique eût aboli la diversité de lois et de coutumes qui régissaient son territoire , et que les motifs de la loi publiés par le législateur même ne laissaient plus aucun doute sur ses véritables intentions. Cet espoir aurait été d'autant mieux fondé que plusieurs lois rendues dans cette époque sont encore actuellement exécutoires nonseulement dans les départemens de l'ancienne France , mais aussi dans ceux qui ont été depuis réunis à l'empire. Cependant lorsqu'on se rappelle les idées exagérées qui ont caractérisé cette époque funeste, lorsqu'on y rencontre un desir d'innovation qui attaquait indistinctement les institutions même les plus utiles et les plus respectables par le seul motif qu'elles étaient anciennes, on ne peut plus espérer d'y retrouver la sagesse et la modération qui sont les bases de toute législation conséquente. Si nous n'avons pas cru devoir remonter à ces tems désastreux pour trouver dans les lois alors rendues des principes de législation, c'est que les principes les plus évidens, la rétroactivité des lois même, étaient mis en question : témoins les lois sur les enfans naturels ( 1 ), sur les priviléges et hypothéques ( 2 ), et tant d'autres ( 3 ) qu'il est inutile de citer.

------------

Un des meilleurs moyens pour pénétrer le véritable esprit de la loi, est d'examiner

------------

(1) *Loi du 12 brumaire an 2.*

(2) *Loi du 11 brumaire an 7.*

(3) *Loi du 17 nivose an 2, du 9 fructidor an 2, du 3 vendémiaire an 4.*

E 5

ses dispositions dans des cas analogues, et de les appliquer en vertu d'une règle de droit, que dans tous les cas où la même raison a lieu, les dispositions législatives doivent être les mêmes (1). Cette méthode est non-seulement utile lorsqu'il y a silence absolu dans la loi, mais elle l'est aussi dans le cas où la loi a disposé et où l'on ne cherche qu'à découvrir les motifs de cette disposition: elle est même plus sûre dans ce dernier cas, parcequ'on ne s'expose par à substituer un raisonnement dans lequel on est sujet à l'erreur, à la volonté expresse du souverain. Quelque analogues que deux cas puissent paraître, il est rare, pour ne pas dire impossible, qu'ils soient absolument semblables; et du moment qu'il y a une différence plus ou moins marquée, on ne peut décider si dans cette différence le législateur n'aurait pas trouvé un motif pour rendre une loi portant toute autre disposition: tandis que le résultat étant connu par une loi expresse, et se trouvant semblable à ce que la loi a préscrit pour un

_______________

(1) *Ubi eadem est juris ratio, eadem est legis dispositio.*

cas approchant , on peut conclure que ce sont les mêmes raisons qui ont décidé le législateur à donner la même décision.

Mais si dans l'espèce que nous nous sommes proposée nous cherchons l'analogie des dispositions législatives , une difficulté d'un autre genre s'oppose à ces recherches. Où trouver un cas qui puisse par analogie être assimilé à celui de l'introduction d'une loi nouvelle? Où rencontrer un exemple de cette collision de lois? Il est cependant un seul cas, qui peut être considéré comme analogue à cette transition , et il mérite un développement particulier.

Lorsqu'une nouvelle législation est introduite dans un pays, les questions transitoires qui se présentent sont celles dans lesquelles il s'agit de juger de l'effet d'un acte ou d'une obligation contractée sous une législation différente, et c'est cette différence de législation qui constitue la difficulté de ces questions. Si par conséquent on peut découvrir une espèce dans laquelle des obligations contractées , des droits acquis sous l'empire d'une loi doivent avoir leur effet sous l'empire d'une autre, cette espèce aura sous ce point de vue une analogie avec le changement de législation. Or quand il s'agit de contrats ou autres actes passés en pays étranger, dont l'exécution doit avoir lieu en France ou d'actes reçus en France qui doivent produire des effets en pays étranger, ce sera de même une législation différente sous laquelle cette exécution doit être démandée, ou sous laquelle ces actes doivent produire leurs effets : ce seront donc en général les mêmes principes qui devront régler les effets des droits acquis et des obligations contractées sous une autre loi que celle qui est en vigueur au tems ou au lieu de l'exécution.

Il est cependant des différences essentielles entre la diversité des lois à raison du tems, et celle qui est occasionnée par la distance des lieux; c'est qu'il y a des biens qui par leur nature immeuble étant inamovibles sont toujours soumis à la même législation, en quelque lieu que le propriétaire vienne à s'établir, tandis qu'il n'y en a aucun qui reste attaché à la même législation, lorsque les anciennes lois sont remplacées par d'autres. Il est d'ailleurs une raison politique pour ne pas admettre sur les immeubles d'autres droits que ceux que la loi du lieu de leur situation introduit, et qui a contribué à ériger en principe général , qu'en cas de diversité de législation, les immeubles sont régis par la loi du lieu où ils sont situés (1). Lors donc qu'il s'agit de raisonner par analogie de la différence des lois par rapport aux divers lieux à celle qui résulte de la succession des tems , on ne peut argumenter que des dispositions sur l'état des personnes ou les biens meubles et non sur les immeubles.

Une autre considération politique a souvent exercé son influence sur les dispositions législatives entre les peuples à l'égard des actes passés ou droits acquis dans l'un des territoires, et qui doivent avoir des effets dans un autre: ces dispositions qui font partie du droit des gens , et qui ont été fixées ou altérées par des traités , ne font pas partie de notre sujet. Il en est de même des représailles souvent exercées à cet égard entre les souverains , et qui sont de nouveau confirmées par le code napoléon (2). Ces cas particuliers peuvent être assimilés

_______________

(1) *Immobilia reguntur lege loci.*

(1) *Art.* 11.

à de lois particulières qui pour quelques cas introduisent une rétroactivité : c'est au jurisconsulte à les respecter, à observer scrupuleusement leurs dispositions, mais non à examiner leurs motifs : ils ne peuvent pas être étendus à d'autres cas semblables sans une nouvelle disposition législative (1).

Une troisième différence entre les deux cas que nous avons considérés comme analogues, est que les deux législations qui doivent leur origine à la diversité des lieux étant coéxistantes, il y aurait une possibilité qu'on abusât de ces dispositions pour passer dans un territoire sujet à d'autres lois, afin d'y faire des actes réprouvés dans celui auquel on appartient. Il a donc été nécessaire d'établir en principe que tous actes faits en pays étrangers en fraude des lois prohibitives ne seraient point valables. C'est ainsi que le mariage contracté en pays étranger dans les dégrés prohibés ne peut subsister, si les parties ou l'une d'elles est originaire du lieu où la prohibition est de droit (2) : que le ma-

_________

(1) *L.* 14, *D. de Legibus. L.* 1 § 3. *D. de constitutionibus principum.*

(2) Code Nap. art. 170.

riage doit toujours être précédé de trois pu-
blications à peine de nullité (1) : que le
Français ne peut même en pays étranger contracter et se soumettre à la contrainte par
corps, dans les cas où elle ne peut être sti-
pulée en France (2). Plusieurs autres dispositions pareilles attestent le soin qu'on a pris
en toute bonne législation d'empêcher que par
un déplacement momentané les lois prohibitives ne soient rendues illusoires.

Nous n'entrerons pas au sujet des obligations et des droits résultans de la différences des statuts locaux dans le dédale des questions, auxquelles ces différences ont donné
lieu, et sur lesquelles des volumes entiers ont
été écrits dans les systêmes opposés qui ont
divisé les jurisconsultes sur quelques-unes :
nous ne prenons pas à tâche de débrouiller
le cahos des anciennes lois qui régissaient les
parties ci-devant desunies de l'empire français, mais nous nous bornerons à quelques
principes généralement reconnus, et qui peuvent être de quelque utilité directe pour le

_______________

(1) Code Nap. art. 170.
(2) Code Nap. art. 2063.

but de nos recherches. · Sans nous arrêter aux traités que divers jurisconsultes ont donné, soit sur ces questions en général, soit sur quelques unes en particulier ; sans extraire ce que d'autres qui n'ont traité cette matière qu'en passant et à mesure qu'elle se présentait, ont pensé ; l'autorité principale que nous suivrons est celle du célèbre Voet, qui a recueilli ce que les meilleurs auteurs ont donné sur ce point si intéressant (1).

- En examinant sa doctrine, et en la considérant indépendamment des règles qu'un motif politique peut avoir introduites, nous trouverons que la plupart des principes que nous avons posés valent à l'égard des actes passés sous une législation différente de celle du lieu où cet acte doit recevoir son exécution. En effet les actes passés en pays étranges doivent, quant à la forme, être jugés par la loi de ce pays, à moins qu'ils ne soient faits en fraude des lois existantes ou que le lé-

_______________

(1) C'est ce qui fait la matière d'une dissertation qu'il a joint en forme de suite au titre 4 du premier livre de son commentaire sur le digeste ; voyez aussi le savant ouvrage de *Rodenburch, de jure quod oritur ex diversitate statutorum.*

législateur n'ait ordonné qu'ils soient refaits dans la forme qu'il a prescrite, ou enfin qu'ils ne soient astreints à quelque formalité, quand les parties contractantes rentrent sur son territoire. Les mêmes dispositions conformes aux deux premiers principes que nous avons posés ci-dessus se rencontrent dans le droit français : et c'est delà que le mariage contracté en pays étranger est respecté (1); que le testament fait en pays étranger est valide (2), pourvu que les formes usitées dans les lieux, où ces actes sont passés, soient observées. Il est néanmoins quelques solennités qui doivent être remplies au retour des parties en France, et qui rentrent dans les termes de notre second principe.

Une autre règle considérée comme incontestable est, que l'état des personnes est réglé par les lois du lieu de leur domicile, du moins quant à tous leurs droits personnels et mobiliers. Ainsi celui qui est réputé majeur dans le lieu où il a sa demeure fixe, doit être regardé comme tel dans tout autre

______________

[1] Code Napoléon, art. 170 et 171.

[2] Code Napoléon, art. 999 en 1000.

F

pays, et les actes qu'il fait sont valides; même dans des lieux où l'époque de la majorité étant plus reculée, il devrait encore être réputé mineur (1): il n'y a d'autre exception à cette règle, que pour les immeubles qui sont toujours régis par les lois du lieu où ils sont situés.. Cette règle, qui en tout est conforme à notre troisième principe, est tellement reconnue, que le mineur qui change son domicile et s'établit dans un endroit où il a atteint la majorité fixée par les lois, est censé devenir majeur par le seul fait du changement de domicile, tandis que celui qui majeur aux termes de la loi du lieu de sa demeure, vient s'établir dans un endroit où son âge est moins avancé que celui de la majorité, redevient mineur et est soumis à une tutèle (2). C'est en vertu du même principe, que celui qui s'est marié sous une coutume qui admet le mariage comme une émancipation tacite et légale, redevient sujet à la puissance paternelle et à la tutèle lorsqu'il s'établit sous une coutume dif-

---

(1) Voet *ad Dig. Tit. de minoribus*, n. 8.

(2) Voet *ad Dig. de minoribus*, n. 10.

férente : que la femme libre peut être assujettie à la tutèle du sexe, en fixant sa
demeure dans un lieu où cette tutèle est admise : que celui qui a été interdit au lieu de
son domicile ne peut contracter ailleurs, lors
même que cette interdiction n'aurait pu être
provoquée dans le lieu du contrat , comme
si par exemple l'interdiction est pour cause de
prodigalité, raison non admise en France ; enfin
au contraire que le changement de son domicile nécessite une nouvelle déclaration d'après
les lois de son nouveau domicile ( 1 ).

Nous avons établi en quatrième principe
que la procédure devait être régie par les
lois en vigueur au moment où elle est instituée : la même règle a lieu, lorsque la procédure est différente dans quelques tribunaux : aucun doute qu'il ne faille se conformer à celle qui est en usage au tribunal
devant lequel la cause est portée. Il y
a plus : cette règle est tellement de rigueur, que même en cause d'appel , le tribunal supérieur ne peut juger que d'après
les lois ou coutumes qui règlent la procé-

_______________

[1] Voet *ad Dig. de curatore furioso*, n. 12.

F 2

dure devant le tribunal, où la cause a été jugée en première instance. Lorsqu'avant l'introduction d'un seul et même code, qui fixât la procédure en France sur un pied uniforme, les parlemens, les cours souveraines, et tous autres tribunaux qui connaissaient des appels, soit dans l'ancienne France, soit dans les pays réunis, avaient à juger les appels des jugemens rendus par des tribunaux, qui dans le même ressort avaient souvent des lois ou coutumes différentes, ce n'était que d'après les principes qui avaient dicté le jugement de première instance que l'appel pouvait être jugé, et les cours ne manquaient pas de se conformer aux usages établis devant ces tribunaux, pour autant qu'ils n'étaient pas contraires à des lois générales. Un arrêt de la cour suprême a confirmé cette disposition, et jugé dans la fameuse cause *de Salis*, que l'on ne pouvait sur l'appel admettre des exceptions tirées d'une loi autre que celle qui avait régi la procédure devant les juges de première instance (1).

---

[1] Arrêt de la cour de cassation du 4 sept. 1811.

Les droits irrévocablement acquis en pays étranger, et d'après les lois ou usages qui y sont en vigueur, ont toujours été respectés même dans les pays, où les lois portaient une disposition différente. C'est ainsi que des époux mariés sans contrat sous une coutume qui à défaut de clause expresse admettait une communauté universelle, seront communs en biens, quoique par la suite ils viennent fixer leur domicile dans un lieu où cette communauté ne peut être introduite que par contrat (1) : des époux divorcés dans un lieu où la loi admet le divorce, peuvent librement contracter mariage dans un autre lieu où le divorce serait prohibé : le divorce prononcé légalement pour une cause qui ne serait pas suffisante dans un autre pays y produit cependant son effet, et mille autres dispositions pareilles, qu'on rencontre à tout moment.

Mais si ces droits étaient révocables à volonté, le principe contraire a lieu, ainsi que nous avons posé en règle générale. Supposons qu'un testateur ait nommé un héritier

_______________

(1) Voet *ad Dig. de ritu nuptiarum*, n. 87.

F 3

capable de succéder aux termes de la loi du lieu, où il a fait son testament ; et qu'il passe ensuite dans un autre, où cette institution soit prohibée en tout ou en partie, ce ne sera que la loi qui est en vigueur au lieu du décès, qui règlera les droits de cet héritier institué. Le testament n'ayant jamais cessé d'être révocable doit être censé confirmé au moment du décès du testateur, et par conséquent les dispositions jugées d'après les lois auxquelles le testateur était assujetti lors de son décès. Il en est de même de toute autre espèce de droit révocable, et de là une règle constamment admise dans tous les pays, qui suivaient des lois et coutumes différentes sous le même gouvernement, et même entre les différens pays, que les successions, du moins quant aux meubles et droits personnels, doivent être régis par la loi du lieu où le testateur est décédé, ou plutôt celle de son domicile où il est censé décéder, sauf les droits acquis irrévocablement par contrats de mariage, donations, pactes successoires ou autres engagemens non réprouvés par la loi du lieu où ils ont été pris (1).

_______________

[1] *Voet ad Tit. Dig. ad Sctum Tertullianum*, n. 37, traitant des successions *ab intestat*, qui en Hollande

Enfin il est hors de doute que le fond des actes, indépendamment des droits acquis irrévocablement, a toujours été jugé par les lois existantes au lieu, où ils doivent recevoir leur exécution. C'est toujours la loi du lieu du payement qui a reglé l'échéance des dettes, billets, lettres de change, ou autres obligations quelconques : c'est elle qui fixe le mode et le tems du payement, celui des offres opérant libération, de la compensation, tout enfin ce qui peut avoir rapport aux obligations de ce-

---

étaient déférées d'après des coutumes différentes non seu'ement pour chaque province, mais dans la même province pour chaque district, établit les trois principes suivans :

1°. Que la succession des immeubles est régie par la coutume sous laquelle il sont situés.

2°. Que la succession des menbles est régie par la coutume sous laquelle le testateur est décédé.

3°. Que si le testateur n'est pas décédé au lieu de son domicile, et que son absence n'ait pas été dans l'intention formelle de le quitter, il doit être censé être décédé en son domicile.

Et il appuye ces propositions d'une foule d'autorités.

F 4

lui qui s'est engagé, sauf néanmoins les droits acquis, soit par convention expresse ou par les lois du lieu où l'engagement a été pris. Ainsi par exemple celui qui s'est fait assurer dans un lieu où l'assurance est permise sur les risques de la vie humaine, pourrait réclamer ce qui lui est dû, même dans un lieu où cette assurance est prohibée, parce qu'il a un droit acquis: mais si dans l'exécution de l'engagement il se rencontrait quelque difficulté, elle serait jugée d'après les lois du lieu où cette exécution est réclamée.

Nous croyons donc avoir établi par une analogie complette, et sur des fondemens incontestables la vérité des principes que nous avions posés; il ne nous reste plus qu'à les confirmer par la jurisprudence surtout de la cour de cassation, et des auteurs les plus accrédités..

---

Ce n'est pas une tâche facile que de choisir des exemples de l'application des règles que nous avons cru pouvoir déduire de la nature même des lois, et de prouver qu'en effet elles sont reconnues par la jurisprudence ; plus cette application est fréquente, plus aussi nous nous trouvons embarrassés à alléguer de préférence tel ou tel cas ; mais comme les recherches auxquelles nous allons nous livrer ne doivent servir que de complément aux preuves avancées, et à illustrer par des exemples nos principes mêmes et leurs conséquences, nous nous bornerons à quelques questions qui par leur utilité générale nous paraissent mériter la préférence.

La première des règles données regarde la forme des actes, qui ne doit être jugée que d'après les lois existantes au moment où les actes ont été faits : cette règle est conforme aux principes de la jurisprudence reçue, qui n'a pas été douteuse un seul moment, malgré deux arrêts contraires de deux cours d'appel. La cour de cassation s'est expliquée positivement sur ce point dans un arrêt du 1er. brumaire an 13, dans lequel il est dit : *attendu quant à la forme de ces actes, qu'ils sont et restent réguliers lorsqu'ils sont revêtus de toutes les formalités prescrites par les lois en vigueur dans le moment de leur confection, encore que ces formalités fussent par la suite changées ou modifiées par de nouvelles lois :* Et cette opinion est adoptée par les auteurs les plus estimés ( 1 ).

— Autre chose serait si le législateur s'était expliqué, soit en termes formels, soit indirectement, et cette supposition rentrerait dans l'espèce de notre seconde règle. Lorsque par exemple le code napoléon fut introduit dans le royaume de Westphalie, une circulaire du ministre de la justice de ce royaume fixa un délai dans lequel tous les testamens, qui n'avaient pas de date certaine antérieure à cette introduction, pourraient être refaits : il ne peut par conséquent exister aucun doute que passé ce délai, la forme des testamens qui n'auraient pas de date certaine antérieure ne doive être jugée d'après le code napoléou.

La réunion de plusieurs départemens a souvent occasionné de pareilles lois : c'est ainsi que des lois ont fixé un délai dans lequel les hypothèques, soit conventionnelles,

------

[1] Chabot de l'Allier, *quest. transitoires* in voce *testament*, § 1. n. 1. Ainsi le testament conjonctif fait entre deux époux avant l'introduction de l'art. 968 du Code Napoléon, vaudra quoique les testateurs décèdent sous l'empire de cette loi. Arrêt de la cour d'appel de Turin du 7 juin 1809.

soit légales, existantes dans les départemens de la Hollande ou anséatiques pouvaient être inscrits : un des articles de ce décrèt porte expressément que passé le dit tems , les hypothèques , quoique non sujettes à l'inscription d'après les lois sous lesquelles elles avaient été constituées , ne produiraient leur effet contre des tiers que du jour de leur inscription selon les préceptes du code napoléon. Cette disposition du législateur n'aurait pas été mentionnée dans la loi même , que sa volonté manifestée par la fixation du délai aurait suffi pour faire adopter les mêmes bases.

Cependant quoique la forme d'un acte doive être jugée d'après les lois anciennement en vigueur, rien n'empêche le législateur d'ordonner qu'une nouvelle formalité soit ajoutée aux anciennes; alors l'autorité à laquelle il appartient de revêtir l'acte de cette formalité ne pourra examiner autre chose que sa régularité d'après la loi sous laquelle il a été fait, et cette régularité établie, elle ne pourra refuser la formalité exigée. L'art 545. du code de procédure civile défend conformément aux constitutions de l'empire, qu'aucun payement ni acte ne soit mis à exécution s'il ne porte le même intitulé que les lois ; et n'est terminé par un mandement aux officiers de justice ; par conséquent tous les jugemens et actes rendus ou passés avant l'introduction de cette loi, et non revêtus de cette formalité, ne peuvent avoir leur exécution ; il faut que celui qui veut s'en servir obtienne d'un tribunal français l'intitulé et le mandement qui en constituent la forme exécutoire (1). Cette disposition aussi sage que juste ne porte aucun caractère de rétroactivité, si cette forme exécutoire est décernée sans aucun nouvel examen : mais si sous prétexte de décerner l'exécutoire, un tribunal se permettait de rechercher les motifs du jugement ou le fond de l'acte, il remettrait en question ce qui est déjà décidé, et appliquerait une loi nouvelle à un cas préexistant. La seule question qui pourrait être traitée en s'opposant à l'exécutoire, serait celle sur l'existence du jugement ou de l'acte, ou sur sa forme qui pourrait être arguée de nullité

---

(1) Il faut recourir alors aux mesures prescrites par l'art. 2123 en 2128 du Code Napoléon, et l'art. 546 du Code de procédure civile.

d'après les lois en vigueur lorsqu'il a été fait.

Supposons que l'on demande à revêtir de la forme exécutoire un acte quelconque, celui contre lequel cette demande serait faite pourrait à juste titre contester l'existence de cet acte, ou opposer une nullité de forme, soit celle que l'acte aurait été reçu par un officier incompétent, ou autre : cette nullité devrait être jugée d'après les lois en vigueur lorsque l'acte a été fait; mais il serait bien différent, si l'on défendait contre l'exécutoire au fond; cette défense ne pourrait être admise : ce n'est pas qu'on ne serait recevable à proposer toutes ses défenses, mais elles ne pourraient être jugées qu'après que l'acte aurait été completté et aurait reçu la sanction que la loi exige pour le rendre exécutoire. Dans des pays où anciennement l'hypothèque spéciale ne pouvait être acquise que par acte constaté en justice, un débiteur serait en droit de s'opposer à l'exécutoire qu'on voudrait faire décerner sur un acte notarié contenant une constitution d'hypothèque, parceque le notaire n'ayant pas eu qualité pour recevoir cet acte, il serait informel : mais celui contre lequel un jugement a été rendu ne pourrait

contester l'exécutoire à décerner sur la représentation de ce jugement, lors même qu'il
aurait satisfait à la condamnation ; il serait
libre de s'en prévaloir lorsque le jugement
serait mis à exécution, mais la représentation
d'un jugement rendu en bonne forme devrait
déterminer le juge à décerner exécutoire,
quels qu'en aient été les motifs, et quelles que
puissent en être les suites (1).

Il est une autre conséquence de ces mêmes règles qui parait un peu plus éloignée,
mais dont cependant la vérité ne peut être
revoquée en doute, c'est que lorsque avant
l'introduction d'une nouvelle loi, la preuve
par témoins est admise indéfiniment, les dispositions de cette loi ne peuvent la faire re-

_____________

(1) Il ne s'agit pas ici de la question, si l'acte notarié
authentique qui dans quelques départemens réunis comme
ceux de la Hollande, ne produisait pas l'exécution
parée, peut avoir acquis cet avantage par l'introduction
des lois françaises, et notamment de celle du 25 ventose
an XI. Du reste les questions sur l'exécutoire des jugemens et actes antérieurs à l'introduction du code, n'ayant
à notre connaissance jamais été traitées par un auteur,
ni soumises au jugement d'une cour, nous n'avons pu
étayer notre opinion d'autorités quelconques.

jetter dans tout ce qui est antérieur. En effet le code napoléon , qui conformément aux anciennes lois françaises et à l'ordonnance de 1667 défend la preuve par témoins hors les cas exceptés par la loi, fait dépendre cette disposition d'une autre dont elle n'est que la suite évidente : *il doit être passé acte de toutes choses excédant la somme ou valeur de 150 francs;* et ce serait appliquer cette règle, qui est de pure forme, à des contrats antérieurs, si on rejettait la preuve testimoniale de leurs clauses, et même de leur existence ; ce serait assujettir ces anciens actes à des formalités qui n'ont été introduites que postérieurement au moment où ils ont été faits. Rejetter la preuve testimoniale dans des actes antérieurs au code napoléon , si les lois anciennes n'exigeaient pas l'acte par écrit, serait par conséquent contraire aux préceptes que nous avons posés.

Aussi toutes les fois que la cour de cassation a jugé sur l'admissibilité de la preuve testimoniale au sujet d'actes passés avant l'introduction du code napoléon , elle a adopté le principe que cette admissibilité ne devait être jugée que d'après les lois qui régissaient le lieu du contrat avant cette introduction.

Deux arrêts de la cour, du 18 nov. 1806 et du 9 avril 1811, ont consacré cette jurisprudence, qui a été également adoptée par d'autres cours (1) et par les jurisconsultes (2).

————————

« Une troisième règle que nous croyons avoir établie est, que tout ce qui tient à l'état des personnes doit être décidé d'après les lois du moment. C'est ainsi qu'il n'a jamais pu former aucun doute, que la majorité ne doive être jugée d'après les lois actuelles, lors même que des lois antérieures l'auraient déterminée à une autre époque : il suffit qu'un mineur ait atteint l'âge de vingt-un ans accomplis pour qu'il devienne majeur aux termes du code napoléon, sans distinction si des lois antérieures ont fixé la majorité à vingt-cinq ans comme les lois romaines et celles d'une partie de la France et de la Belgique, ou à vingt-trois ans comme les dernières lois de la Hollande ; cependant la gestion du tuteur

avant

————————

(1). Arrêt de la cour d'appel de Colmar du 19 thermidor an 12.

(2). Chabot de l'Allier in voce *preuve testimoniale.*

avant l'introduction du code napoléon s r les biens d'un pupille agé d'au delà de vingt-et-un ans, mais mineur aux termes de la loi alors en vigueur, sera utile. S'il n'existe autant que nous en ayons connaissance aucun arrêt de la cour de cassation sur ce point, c'est que cette doctrine est si évidente, qu'elle n'a jamais été mise en question.

Mais en est-il de même de la minorité? Et celui qui était majeur avant l'introduction d'une loi, rentre-t-il dans l'état de minorité, si la nouvelle loi en a reculé le terme ? Par exemple en pays de droit écrit le mineur était affranchi de la tutèle dès la puberté; d'après quelques coutumes la majorité était fixée à vingt ans ; en d'autres le mariage conférait la majorité : dans ces cas ceux qui étaient majeurs avant l'age de vingt-et-un ans devaient-ils rentrer sous la tutèle? On pourrait s'étonner qu'il se soit élevé un doute sur cette question : cependant la négative a trouvé des défenseurs. On disait que la faveur de l'état des personnes devait faire admettre tout ce qui pouvait améliorer leur sort et non ce qui peut le détériorer : nous croyons que la tutèle étant introduite dans l'intérêt même des mineurs, cet état ne peut être

G

censé que favorable à leur situation, et que cette objection quand elle serait vraie en elle même, comme au contraire elle n'est appuyée d'aucune autorité, ne peut être appliquée à l'espèce : et c'est à regret que nous avons vu ce principe invoqué et interprété de cette manière dans les motifs d'un arrêt de la cour de cassation (1).

Si d'après nos principes nous devions juger cette question, il n'y aurait aucune difficulté à décider, que les lois antérieures ne pouvant fixer l'état des personnes que pendant la durée de leur autorité, ce sera d'après les préceptes du code napoléon que leur état actuel doit être jugé, et par conséquent que tout individu sans exception qui n'a pas atteint l'âge de vingt-et-un ans accomplis doit être censé mineur, quoiqu'il ait été majeur précédemment : et à l'appui de cette opinion nous pouvons invoquer deux arrêts, le premier de la cour d'appel de Nismes du 24 brumaire an 13 , l'autre de la cour d'appel de Turin du 17 mai 1806.

---

(1). Cet arrêt sera rapporté lorsque nous traiterons de l'interdiction pour cause de prodigalité.

Nous passons à une question transitoire bien plus intéressante , qui regarde l'état des personnes , et dans laquelle la cour de cassation a rendu deux arrêts célèbres qui paraissent diamétralement opposés , ce qui nous impose l'obligation d'examiner le contenu de l'un et de l'autre et nous espérons pouvoir démontrer , non seulement qu'il n'y a aucune contrariété entre les deux arrêts , mais encore qu'ils confirment pleinement l'application de nos principes.

La prodigalité n'est pas une cause d'interdiction : telle est la teneur expresse de deux circulaires du ministre de la justice du 1er. floréal an 7 et 16 vendémiaire an 8 : telle est aussi la disposition du code napoléon. L'art 513. qui fait suite aux chapitres sur l'interdiction, dit qu'il peut être adjoint aux prodigues un conseil judiciaire, et d'après la règle, *qui dicit de uno negat de altero*, il suit que le prodigue ne peut être interdit pour cette raison seule. L'art 489. ne met pas la prodigalité au nombre des causes qui peuvent motiver l'interdiction, et il suffit de jetter un coup d'oeil sur les conférences du conseil d'état sur cet article, pour se convaincre de l'intention très positive du législateur à ne pas admettre d'interdiction pour cause de prodigalité : elle ne peut donner lieu qu'à la nomination d'un conseil judiciaire. Cependant cette interdiction était connue dans tout l'empire : comment décider sur l'état de ceux qui étaient interdits pour cause de prodigalité lors de l'introduction du code napoléon ? Il y a trois solutions possibles : ou bien l'interdiction continue d'exister jusqu'au moment qu'elle est levée d'après les formes indiquées par la loi, ou bien elle est levée de plein droit par la seule introduction du code, ou enfin elle est modifiée et passe de soi-même à la nature de la nomination d'un conseil. Tâchons de fixer notre opinion sur une de ces trois doctrines.

S'il est vrai que l'état des personnes doit être régi par la loi actuellement en vigueur, il doit nécessairement s'en suivre que l'état d'interdiction doit cesser par l'introduction d'une nouvelle loi, qui n'admet plus la cause de cette interdiction à produire le même effet. L'interdiction doit cesser parceque la nouvelle loi ne reconnaissant pas la prodigalité comme cause suffisante à l'avenir, ne peut pas permettre que l'état d'une personne soit régie par une loi différente, parcequ'elle ne peut souffrir que les mêmes actes qui ne suffisent pas pour faire prononcer une interdiction contre celui qui se les permettrait sous son empire , produisent cet effet contre un autre qui les a faits antérieurement ; parcequ'enfin la loi n'ayant pas cru nécessaire d'assimiler un prodigue à celui qui est en démence , n'admet pas que celui qui n'a que des faits de prodigalité à sa charge soit traité comme en état de fureur ou d'imbécillité , uniquement par la raison que ces faits sont antérieurs. L'ancienne loi dans une grande partie de l'empire fixait la majorité à un âge plus avancé que ne fait le code napoléon : on réputait alors que ce n'était qu'à l'âge de vingt-trois ou vingt-cinq ans que le jugement d'un homme était mûr, mais qu'avant ce tems il ne pouvait être abandonné à soi-même : le code napoléon a fixé l'age de vingt-et-un ans accomplis, et dès ce moment la loi ne peut reconnaître d'autre époque pour la majorité, lors même que les faits qui ont motivé les lois précédentes continuent d'exister.

Il est cependant plusieurs objections à faire contre cette doctrine, que nous croyons devoir relever à cause de l'importance de la matière. La première est que la loi ne peut

avoir voulu lever l'interdiction du prodigue
sans avoir pris quelques précautions, et
qu'au lieu d'améliorer son sort, ce serait
le détériorer. Il nous suffirait de répondre, que ce n'est pas l'amélioration de son
sort que nous avons alléguée pour motiver
notre opinion ; que d'ailleurs si telle avait
été l'intention du législateur, il aurait fallu
une loi expresse; que les proches parens du
prodigue, et même le ministère public d'office,
sont dans le cas de provoquer la nomination
d'un conseil judiciaire et même un administra-
teur provisoire au cas qu'il y ait lieu de
craindre une dissipation totale des biens pendant la durée du procès : mais la réponse
que nous croyons, la plus décisive est que
l'utilité publique, même la nécessité notoire
d'une disposition peuvent être de puissans
motifs pour le législateur de faire une nouvelle loi ou de modifier celle qui existe,
mais qu'elles ne peuvent influencer la décision du juge ou du jurisconsulte. Le législateur doit consulter le nécessaire et l'utile en
établissant la loi; le juge en formant sa sentence, le jurisconsulte en émettant son opinion, ne peuvent voir que la loi telle qu'elle
est, et sans aucun égard pour les conséquen-

ces de son jugement ou de son opinion. Impassible comme le texte de la loi, il doit l'appliquer : se décider d'après les conséquences serait une prévarication, un abus d'autorité, un empiétement sur les fonctions du législateur.

Une seconde objection se tire de la différence qui existe entre l'incapacité résultante de la loi, comme l'état de minorité, et celle qui résulte d'un jugement, comme l'interdiction : on dit que la minorité étant introduite par la loi peut être relevée par le changement de loi, mais qu'il faut un jugement contraire pour détruire l'effet du premier jugement : et on s'appuye de la règle de droit, *unumquodque dissolvitur eodem modo, quo fuerit colligatum.* Il est assez facile de répondre à cette objection, qui pourrait être admise si la distinction établie entre l'incapacité résultante de la loi et celle qui résulte d'un jugement était véritable : mais dans le fond, il n'y a d'autre incapacité que celle qui est prononcée par la loi, et le jugement n'a de force que pour déclarer qu'il existe des faits sur lesquels la loi est applicable. Le jugement d'interdiction pour fureur, démence, ou imbécillité comme pour prodigalité déclare qu'il exi te des faits auxquels la loi attache l'interdiction , mais ce jugement ne constitue pas l'incapacité. Si la minorité produit une incapacité sans qu'il soit besoin de jugement , c'est qu'il est d'ordinaire assez facile de constater l'âge d'une personne: mais s'il s'élevait quelque doute à ce sujet , comme si le mineur prétendrait avoir atteint l'âge de la majorité , ou bien si en vertu d'une loi précédente il soutiendrait avoir les mêmes droits qu'un majeur, le jugement qui le débouterait de ses prétentions , en le déclarant mineur, aurait le même effet que celui d'interdiction , et son état d'incapacité n'en serait pas moins le résultat d'une disposition de la loi.

Mais si l'interdiction est levée de plein droit par la loi nouvelle, quel sera l'état de celui qui était déclaré prodigue par un jugement ? La réponse sera encore facile selon les principes que nous avons posés. Quoique relevé de l'interdiction, non parceque les faits déclarés constans par le premier jugement ont cessé d'exister , mais uniquement parceque ces faits ne peuvent plus motiver une interdiction, son état devra être jugé d'après les nouvelles lois, c'est-à-dire, qu'il sera traité comme un prodigue doit l'être sous l'empire du code napoléon, qu'il sera assisté d'un conseil judiciaire, dont l'autorité, les droits et les devoirs sont reglés par l'art. 513. du code napoléon, et celui qui était légalement nommé tuteur à l'interdit ou curateur au prodigue, selon les coutumes ou lois antérieures, se trouvera de droit son conseil.

Après avoir ainsi fixé le résultat de nos principes, examinons les deux arrêts de la cour de cassation susmentionnés, et nous estimons que non-seulement ces deux arrêts ne sont point contradictoires, mais qu'ils s'accordent parfaitement avec notre raisonnement. Dans la première espèce qui s'est présentée à la cour de cassation, et qui a été jugée par arrêt du 20 mai 1806, le curateur d'un prodigue interdit sous une ancienne loi avait intenté une action ; le défendeur avait proposé une fin de non-recevoir tirée du défaut de qualité ; cette fin de non recevoir accueillie en première instance avait été rejettée sur l'appel, et cet arrêt a été cassé par la cour suprême par les motifs suivans:

„ Considérant que l'art 489. du code „ civil ne permet de faire interdire que ceux „ qui sont dans un état habituel d'imbécillité, „ de démence ou de fureur ; que l'art. 513.

„ autorise seulement la famille à faire don-
„ ner au prodigue un conseil sans l'assis-
„ tance duquel il ne peut plaider, etc.: que
„ les lois qui règlent et modifient l'état des
„ personnes, en améliorant leur sort, doi-
„ vent par la nature même des choses et à
„ raison de la faveur due à l'état des per-
„ sonnes, recevoir leur application du jour
„ qu'elles ont été promulguées : qu'il résulte
„ delà, que depuis la promulgation du code
„ civil l'individu précédemment déclaré pro-
„ digue a cessé d'être dans un état d'inter-
„ diction; que la seule modification apposée
„ à son état par l'art. 513. ne consiste qu'en
„ ce qu'il peut lui être défendu de plaider
„ sans l'assistance d'un conseil donné par le
„ tribunal; d'où il suit, que ses actions lui
„ appartiennent en personne, et doivent être
„ exercées par lui avec l'assistance de ce con-
„ seil : que personne ne peut les exercer en son
„ absence ou à son insçu, et que l'arrêt attaqué
„ qui a jugé le contraire, est en opposition avec
„ le susdit art. 513. du code civil : casse, etc."

S'il nous était permis de faire quelques
reflections sur cet arrêt, elles ne porteraient
que sur les mots *en améliorant leur sort*, qui
pourraient présenter des idées fausses, et qui

ne font rien à la décision même, comme nous avons déjà observé.

Par cet arrêt la cour a jugé que l'interdiction du prodigue était levée de plein droit, et que personne n'avait le droit d'intenter action en son nom, soit comme curateur ou autrement : mais a-t-elle décidé quel serait l'état du prodigue après l'introduction du code ? Une telle décision n'est pas donnée directement, parcequ'il ne s'agissait pas de statuer sur cette question, et que la cour s'est tenue strictement à la règle *ultra petita :* mais nous croyons qu'en examinant le texte même de l'arrêt, il n'est pas difficile de pénétrer quelle était l'opinion de la cour. La cour ne s'est pas bornée à dire, que la prodigalité n'étant plus une cause d'interdiction, celle qui se rencontrait dans l'espèce était levée de droit, mais elle a fait mention des effets que la prodigalité pouvait produire sous l'empire du code napoléon, et elle a fait remarquer, lors même que le prodigue aurait dû être assisté d'un conseil judiciaire, l'arrêt attaqué était également insoutenable : elle a donc fait entrevoir la possibilité que l'interdiction levée de plein droit par l'introduction du code napoléon, serait également de plein

droit convertie en assistance d'un conseil judiciaire; question sur laquelle la cour n'était
pas appellée à prononcer. Non contente de
faire entrevoir cette possibilité, la cour a indirectement manifesté son opinion, que l'interdiction subsistait, non comme telle mais comme nomination d'un conseil judiciaire. En
effet si la cour avait été d'avis que le prodigue, relevé de droit de son interdiction,
n'était aucunement gêné dans l'administration
de ses biens, elle aurait cassé l'arrêt de la
cour d'appel de Turin, comme contraire au
principe, que personne n'est admis à exercer
l'action qui appartient à un tiers; au lieu
qu'en cassant cet arrêt comme violant les
dispositions de l'art. 513. du code napoléon, elle a reconnu que cet article était
applicable au prodigue, et que par conséquent, il était de droit assisté d'un conseil
judiciaire.

Dans la seconde espéce jugée par arrêt
de la cour de cassation le 6 juin 1810, la
question ayant été agitée dans toutes ses parties, la cour a pu se décider en termes
plus précis : nous ne donnerons que la
seconde partie de l'arrêt, qui est applicable à la question que nous traitons, et

qui fera assez connaitre les faits qui y ont
donné lieu :

  ,, Attendu 2°., que les jugemens qui ont
,, prononcé des interdictions de cette espèçe
,, avant la publication du même code, n'ont
,, été annullées par aucune loi : que ce code
,, n'a pas même aboli ce genre d'interdiction:
,, qu'il l'à seulement modifié en statuant par
,, son art. 513, qu'il peut être défendu, etc. :
,, qu'à la vérité il résulte de cette modifica-
,, tion que les interdictions prononcées par
,, jugement, existantes au moment de la pu-
,, blication du code, ont été réduites de plein
,, droit, ainsi que les jugemens qui les ont
,, prononcé, à la force et aux effets des
,, défenses autorisées par l'article 513, *par-*
,, *ceque les lois qui règlent l'état des per-*
,, *sonnes saisissent l'individu au moment mé-*
,, *me de leur émission , et le rendent dès*
,, *cet instant capable ou incapable selon leur*
,, *détermination ;* mais que delà même il suit,
,, que ce jugement et interdiction conservent
,, leur force et leur effet jusqu'à la mesure
,, des défenses permises par ce même arti-
,, cle ; qu'en effet, ces interdictions et ces ju-
,, gemens n'étant annullés par aucune loi, et

,, n'étant que modifiées par le code, on ne
,, pourrait les priver de cette force et de ces
,, effets, qu'en les mettant au néant, ce qu'on
,, ne pourrait faire sans commettre un excès
,, de pouvoir, en prononçant une nullité qu'au-
,, cune loi ne prononce, et en étendant la
,, modification au delà de ses bornes, sans
,, violer l'art. 514, qui exige pour la levée
,, de l'interdiction les mêmes formalités que
,, pour la prononciation, et enfin sans pri-
,, ver arbitrairement les interdits d'un secours
,, et d'une garantie que l'humanité réclame
,, pour eux, que la loi leur accorde, et que
,, ces jugemens leur assurent : — qu'il n'y a
,, dans l'arrêt de la cour du 20 mai 1806
,, rien qui ne soit conforme à ces principes ;
,, qu'il juge seulement que le code ayant ren-
,, du aux interdits l'exercice de leurs actions,
,, c'est à eux qu'il appartient de les exercer
,, personnellement avec l'assistance d'un con-
,, seil, et que les curateurs ne peuvent plus
,, les exercer seuls et en leur nom, en leur
,, absence et à leur insçu ; mais qu'avoir
,, jugé le défaut de qualité des curateurs,
,, n'est pas avoir jugé le retour des inter-
,, dits pour cause de prodigalité à une capa-
,, cité absolue.

,, Attendu enfin que delà il résulte qu'en
,, jugeant, que le sieur de Roisin n'a pas
,, recouvré, par l'effet des nouvelles lois, la
,, plénitude des droits dont il a été privé par
,, la sentence d'interdiction provisoire du 30
,, août 1792, et que cette sentence n'a pas
,, pris fin, l'arrêt n'a violé aucune loi, et
,, s'est conformé aux règles de la matière:
,, Rejette etc. ''

Il n'est pas nécessaire de rien ajouter
au texte aussi précis que lumineux de cet
arrêt, et nous nous félicitons d'avoir trouvé dans ces expressions mêmes la confirma-
tion de la troisième règle que nous avions
posée.

Le même principe est fertile en conséquences. Non-seulement la majorité, mais l'état
des femmes mariées, et des enfans de famille
doit être jugé par les lois actuellement en vigueur ; un changement dans la législation
opère de droit un changement dans le pouvoir paternel ou marital. C'est ainsi qu'une
loi qui abolit la puissance paternelle sur les
majeurs fut décidée faire cesser de droit l'usufruit du père sur les biens de ses enfans
majeurs , qui lui était dû dans les pays de

droit écrit, par l'arrêt de la cour d'appel de Besançon du 8 nov. 1803, confirmé par arrêt de la cour de cassation du 26 juillet 1810 (1).

La quatrième des règles que nous avons prescrites a rapport à la procédure, et le principe général que nous avons adopté que la procédure est soumise à la législation sous laquelle elle est entamée, se trouve consacré dans le texte même de la loi (2). Cependant dans l'application de ce principe il se rencontre plusieurs difficultés, que nous croyons nécessaires de développer, afin de ne pas donner lieu à des conséquences erronées.

En disant que la procédure doit être régie par la législation sous laquelle elle est entamée, il faut faire attention que ce n'est que cette procédure même qui est sujette à l'an-

------

(1). La même chose a lieu pour la puissance maritale, comme l'étab'it dans deux cas entièrement opposés, Chabot de l'Allier, in voce *autorisation maritale*.

(2). Code de procédure civile, art. 1041. *Loi du 26 germinal an XI, art. 2.*

l'ancienne législation et non pas les suites que cette procédure peut entrainer et qui peuvent en être absolument indépendantes. Un avis du conseil d'état du 16 févr. 1807 approuvé par S. M. porte expressément, que dans la classe des procès intentés depuis le 1er. janvier 1807 ne sont pas compris les appels interjettés depuis cette époque, ni les saisies faites depuis, ni les ordres et contributions lorsque la requisition d'ouverture du procès-verbal est postérieure, ni les expropriations forcées lorsque les affiches n'ont pas été apposées avant cette date. Toutes ces procédures, quoique des conséquences de la procédure en première instance en sont entièrement indépendantes, et doivent par conséquent être réglées par la législation, non du moment où les premières poursuites ont commencé, mais de celui où cette seconde procédure a été entamée.

Une autre remarque bien plus essentielle est, qu'il s'agit dans notre règle uniquement de la forme et non du fond: la législation sur la procédure dans le sens qu'on y attache communément comprend plusieurs règles, qui regardent autant et plus peut-être le fond des causes que la forme de procéder:

H

telles sont, pour citer quelques exemples des plus frappans, les causes de récusation d'un juge (1) et les reproches admis contre les témoins (2): ce n'est pas de ces dernières qu'il peut être question dans l'application du principe que nous avons posé. Déjà nous avons vu, que la preuve testimoniale doit être admise d'après la législation en vigueur au moment où les faits qu'on veut prouver ont eu lieu, il peut en être de même pour les reproches des témoins. L'art. 283. du code de procédure civile admet comme reproche contre un témoin, qu'il a donné un certificat sur les faits relatifs au procès; cependant la coutume dans plusieurs parties des départemens réunis à l'empire, où la preuve testimoniale était admise sans aucune réserve, exigeait des certificats des témoins: ceux donc qui auraient donné de pareils certificats sous cette ancienne loi ne seraient pas reprochables de ce chef: mais c'est une conséquence du premier de nos principes, en ce qu'elle tient à la forme

_______________

(1). Code de procédure civile art. 74, 378 et 379.

(2). Code de procédure civile art. 283.

extérieure de cet acte, et non à la procédure même.

Une troisième observation relative à l'application de cette règle est, que bien souvent le changement de législation sur la procédure, qui est presque toujours accompagnée d'une nouvelle organisation, soit extérieure, soit intérieure des tribunaux, ne permet pas de suivre exactement la marche de la procédure telle qu'elle était établie, lorsque la cause a été portée. Dans l'impossibilité de s'en tenir exactement à cette marche, la seule chose à faire sera de s'en approcher autant que les circonstances le permettent. Ainsi lorsque d'après les anciennes lois quelques causes étaient renvoyées à un rôle particulier ou instruites d'une manière différente, l'introduction d'une procédure qui proscrit la tenue de ces rôles séparés devra nécessairement faire cesser cette distribution, sans néanmoins que l'instruction de ces causes ait besoin d'être en tout point assimilée à celle des causes ordinaires.

Ce sont ces considérations qui ont dans les derniers tems déterminé le gouvernement à fixer par une loi expresse la procédure à suivre dans les causes pendantes au moment de l'introduction d'une procédure nouvelle; lois qui terminent toute incertitude à cet égard. C'est ainsi que pour les départemens de la Hollande comme pour les départemens anséatiques il est expressément statué, que toutes les causes pendantes devant les tribunaux supprimés, soit en première instance ou en appel seraient portées par simple citation devant les tribunaux compétens aux termes des lois de l'empire, pour y être instruites par écrit conformément aux préceptes du code de procédure civile. La règle que nous avons posée se trouve par conséquent sans aucune application par cette raison, que le législateur ayant décidé sur cette matière, il n'appartient au jurisconsulte que de rechercher le sens de cette loi, et non ce qui aurait pu avoir lieu dans le doute.

Cependant il se rencontre des cas, où l'application de cette loi même devient difficile, et c'est alors que nous croyons pouvoir invoquer les principes ci-dessus démontrés; et tâcher de concilier autant que faire se peut, l'ancienne procédure avec les formes établies par la loi nouvelle. Une procédure en divorce était pendante devant le tribunal d'Amsterdam au moment de l'introduction des lois françaises : le divorce était demandé pour cause d adultère, et l'ancienne loi hollandaise permettant la preuve testimoniale dans tous les cas et sans qu'il fut besoin d'un jugement d'admission, le demandeur avait recueilli des certificats de quelques témoins (la procédure à Amsterdam ne connaissant pas la forme des enquêtes) et il se proposait d'en produire d'autres. En vertu du décrêt impérial la cause fut instruite par écrit, et dans sa requête de production le demandeur conclût à ce qu'il serait admis à prouver par témoins devant le tribunal ou l'un de ses membres, les faits d'adultère, qu'il n'avait pas spécifiés dans ses premières conclusions prises dans le tems et d'après les formes alors usitées, mais qu'il détaillait dans la requête. La défenderesse soutint, que l'instruction par écrit étant le complément de la procédure, il ne pouvait plus y avoir lieu à enquête, mais que le demandeur aurait dû fournir les preuves avec sa requête de production ; que d'ailleurs une demande en divorce ne pouvait être instruite par écrit, la forme particulière de la procédure en divorce, si exactement détaillée dans le code napoléon, étant incompatible avec l'instruction par écrit déterminée par le code

H 3

de procédure civile , et conclût à ce que le demandeur ne serait pas admis à la preuve testimoniale , et qu'au fond il serait débouté de sa demande. Le tribunal ne pouvait se dissimuler la vérité de ces remarques ; mais si d'un coté la loi était formelle et sans exception pour les divorces, de l'autre coté le législateur ne pouvait avoir voulu exclure les demandeurs de la faculté de prouver des faits , qui n'admettaient d'autre preuve que celle par témoins , par cette seule raison, que la demande avait été formée avant l'introduction des lois actuelles : il crut donc devoir admettre le demandeur à la preuve des faits articulés sauf la preuve contraire , et ordonna à cette fin que les parties indiqueraient à un jour fixé les témoins à produire, auquel jour elles pourraient proposer leurs reproches , et ensuite une enquête pardevant le tribunal conformément à l'art. 250 et 253 du code civil. « Sur l'appel interjetté par la défenderesse , la cour impériale de la Haye consacra les mêmes principes quant au fond, mais pour la forme , elle renvoya l'enquête pardevant un juge commissaire aux termes de l'art 252. et suivans du code de procédure civile.

Quoique ce principe ne soit pas aussi souvent applicable que les précédens, et que par une suite nécessaire il soit plus difficile de prouver qu'il est actuellement reçu par une jurisprudence constante, nous croyons cependant en avoir suffisamment établi la vérité, ainsi que son application dans les cas qui peuvent se présenter de tems en tems.

––––––––

Un autre des principes que nous avons posés est, que le fond des actes, sauf les règles à donner sur les droits acquis, doit être réglé d'après les lois nouvelles, et de ce principe découlent une infinité de conséquences, dont les bornes que nous nous sommes préscrites nous empêchent d'embrasser la totalité. Nous tâcherons seulement par quelques exemples frappans d'éclaircir l'application de ce principe, et de prouver, que ses conséquences sont en effet admises par la jurisprudence des cours et des meilleurs auteurs.

Comme cependant ce principe admet l'exception des droits acquis, et que ces droits acquis sont eux-mêmes limités par d'autres règles, nous avons cru ne pas pouvoir en séparer les cinquième, sixième et huitième des principes posés, et nous nous appliquerons à développer dans chaque espèce, ce qui peut être attribué à l'un ou l'autre de ces préceptes, dont la vérité ne peut être reconnue qu'en les combinant.

Les deux matières les plus intéressantes et qui donnent lieu au plus grand nombre de questions, sont celles des testamens et des contrats. Les droits de disposer de ses biens par volonté dernière ou entre vifs, ou d'acquérir soit à titre lucratif ou onéreux, sont ceux qui ont souffert le plus de changemens et de modifications : ils doivent par conséquent offrir les exemples les plus fréquens de l'application des principes sur les questions transitoires, qui pourront servir à reconnaître si ceux que nous avons cru pouvoir établir sont en effet généralement suivis.

La première condition pour faire un testament valide, condition qui tient aux solennités internes, au fond même du droit, est la capacité de tester : cette capacité devra donc selon nos principes être jugée d'après la loi nouvelle, d'autant plus qu'il ne peut y avoir aucun droit irrévocablement acquis sur l'institution par testament, la volonté de l'homme étant ambulatoire jusqu'au moment de sa mort. Lors donc que celui qui a fait un testament devient incapable de tester sous une législation nouvelle, ou bien que sa capacité est réstreinte, le testament devra être jugé d'après cette disposition, et sera nul ou ne pourra produire que l'effet admis par cette loi: de même aussi le légataire ne pourra profiter d'une disposition favorable que lors et pour autant que la nouvelle législation le permet. Telle du moins est l'opinion si généralement reçue, qu'il n'est pas nécessaire de citer aucun arrêt à son appui.

Mais en changeant l'hypothèse, et en supposant qu'un testament soit fait par un testateur incapable de disposer de tout ou d'une partie des biens compris dans son institution, ou bien en faveur d'une personne incapable de recueillir, et que par un changement de législation, le testateur ou le légataire se trouvent avoir recouvré cette capacité, l'institution devra-t-elle également être jugée par les nouvelles lois, et par conséquent être admise? D'après les principes que nous avons établis il ne peut y avoir aucun doute. Cependant il y a une objection puissante, à laquelle il est important de répondre.

Cette objection est tirée d'une maxime du droit romain, fondée sur la nature de la chose même ; c'est la règle catonienne, que ce qui est nul dès le commencement ne peut être valide par la suite : si le testateur n'avait pu faire un testament valide, la disposition dernière de ses biens ne sera qu'un écrit vide de sens, une pièce informe à laquelle aucun événement postérieur ne peut donner une existence, qui lui manquait au moment de son origine.

Pour répondre à cette objection, qui paraît très spécieuse il n'est pas nécessaire de recourir à l'expression du jurisconsulte Celsus, qui en proposant la règle catonienne y ajoute : *quæ definitio in quibusdam falsa est* (1). En effet il est peu de règles qui ne souffrent des exceptions plus ou moins fréquentes ; mais il ne suffit pas de prouver qu'il existe des cas exceptés, il faut déduire que l'espèce sur laquelle il s'agit de prononcer se trouve dans le cas de l'exception. Or les exceptions que le jurisconsulte admet ne se rapportent qu'à des institutions conditionelles, au sujet desquelles Ulpien dans la loi 4e. au même titre établit en

______________

(1) *L. 1 in fin. D. de regulâ catonianâ.*

principe constant , que la règle catonienne n'y est pas applicable.  Ce ne sont donc pas les cas exceptés de la règle catonienne par Celsus, qui peuvent justifier la conclusion qui devrait suivre de nos règles sur la rétroactivité des lois.

Une autre solution a été cherchée dans la loi 5e. au même titre , dans laquelle Ulpien dit que la règle catonienne ne reçoit pas d'application aux lois nouvelles : nous savons que cette solution a été proposée par le plus célèbre de nos magistrats , celui qui , placé dans les fonctions les plus élévées du ministère public , rend par une érudition profonde et une application constante des principes les mieux entendus à sa charge éminente plus de splendeur qu'elle ne peut lui conférer, que M. le comte Merlin a embrassé cette opinion , et que la cour de cassation a suivi ses idées (1) : mais s'il peut être permis de remettre en question ce qu'une autorité aussi puissante a décidé , nous nous permettrons quelques remarques sur cette interprétation de la loi alléguée.

---

(1) Dans la cause Crugeot, jugée par arrêt du 28 germinal an XI et rapportée par Chabot de l'Allier in voce *testament*, § 5.

Quelles sont les lois nouvelles dont le jurisconsulte Ulpien entend parler ? Ce sont celles qui sont postérieures aux lois des douze tables ; telle est l'opinion constante des commentateurs (1). Mais suffit-il qu'une loi soit d'une date plus récente pour qu'on puisse supposer que la maxime d'Ulpien y soit applicable ? Peut-on admettre qu'il ait donné des règles pour des cas qui lui étaient inconnus , et qu'il ne pouvait prévoir ? Et peut-on appliquer l'expression d'Ulpien de *lois nouvelles* , aux coutumes d'Artois , au code napoléon, ou à toute autre législation postérieure de plusieurs siècles à l'époque, à laquelle il vivait ? Ne doit-on pas plutôt croire qu'il a entendu parler des lois caducaires, de la loi Julia et Papia Poppæa, récentes en comparaison de celle des douze tables , mais déjà existantes du tems d'Ulpien et dont il connaissait les dispositions? C'est aussi à ces lois que la plupart des jurisconsultes ont rapporté le texte dont il s'agit (2). Il y a d'ailleurs

_______________

(1) Voet *ad Dig.*, *Tit. de regulâ catoniand*, n. 1.

(2) Cujas, *Observ. lib.* XIV. *th.* 4. Godefroi dans ses notes *ad L. 5 D. de regulâ catoniand.* Pothier *in pandectis ,lib.* 34. *tit.* 7, *art.* 2, *note* c. Voet *ad Dig. loc. cit.*

une raison pour n'appliquer cette exception
qu'à ces lois caducaires , au sénatus-consulte
Tertullien , et autres pareilles dispositions, raison qui n'existe pas pour toutes lois postérieures indistinctement. Si la loi 5e. contenait une loi positive émanée d'un empereur
romain , on pourrait la supposer dictée par
cet esprit de vanité , qui leur fesait croire
leur puissance éternelle, et qui n'a que trop
souvent occasionné des exordes aussi pom-
peux que ridicules dans plusieurs de leurs
lois (1). Mais Ulpien était profondément savant dans la science des lois; il ne pouvait
décider d'après son caprice , mais il devait
persuader , entrainer par la justesse de son
raisonnement ; il ne pouvait , par conséquent, parler d'une législation future qui lui
était inconnue. Les lois caducaires ne pouvaient aussi donner lieu à l'application de la règle
catonienne : ces lois privaient de la capacité
de recevoir par volonté dernière en tout ou
en partie ceux qui n'avaient pas d'enfans;

_______________

(1) Hæc edictali lege in perpetuum valiturâ sancimus,
etc.

or au moment de la confection du testament il était impossible de prévoir si le légataire aurait une postérité au moment du décès: il était donc impossible que le testament fut jugé nul dès le commencement d'après ces lois, et la règle catonienne ne pouvait recevoir aucune application.

D'ailleurs la règle catonienne n'est pas selon notre opinion obligatoire, parcequ'elle est placée dans le digeste, mais parcequ'elle est fondée sur la raison et la nature des testamens considérée abstraitement et sans avoir égard à aucune loi : le droit romain n'étant plus en vigueur, ce ne seront pas des dispositions purement arbitraires qui en font partie, auxquelles on peut attribuer quelque autorité ; c'est uniquement aux règles dictées par le bon sens et enseignées par l'expérience des siècles qu'est dû ce respect, que nous portons à cette législation si précieuse sous plus d'un rapport : il faut donc aussi entrevoir la raison pourquoi la règle catonienne ne serait pas applicable aux lois d'une date postérieure à celle des douze tables, avant d'admettre cette exception , lors même qu'il serait prouvé, qu'Ulpien l'aurait dit en termes exprès.

Il est une autre réponse que nous croyons pouvoir donner à l'objection tirée de la règle catonienne, et qui est fondée dans la nature même du testament, tel qu'il est considéré dans nos lois actuelles. Le droit romain attachait aux formes bien plus d'importance que les législateurs modernes, et cette scrupuleuse exactitude, qui peut déprécier le droit aux yeux de ceux qui n'en ont qu'une connaissance superficielle, et qui peut-être a occasionné de graves inconvéniens lorsqu'il était suivi littéralement, est précisément une des raisons qui rendent son étude si nécessaire, si indispensable à tous ceux qui veulent se pénétrer de la véritable jurisprudence. Les formes du testament surtout étaient en quelque manière sacrées : l'ancien mode de disposer de ses biens par volonté suprême était assujetti aux formes législatives : le testament était fait dans les assemblées souveraines du peuple, dans les comices. La loi des douze tables en conservant la force législative des testamens réduisit les formalités : l'usage plus fréquent de ces dispositions, la jurisprudence prétorienne, surtout lorsque le gouvernement eut pris une forme monarchique, les diminua encore ; mais le

peuple romain était trop attaché à ses anciennes coutumes pour ne pas tenir aux solennités de ces actes d'une manière toute particulière : et le moindre oubli , la moindre
négligence devait entrainer la nullité de l'acte
entier. L'observation de ces formes était
tellement de rigueur, que lorsque l'injustice
la plus évidente obligeait le préteur d'inter-
poser son autorité en faveur de ceux qui
étaient privés de leurs droits, il ne pouvait
leur adjuger l'hérédité , mais en éludant la
loi, il accordait la possession des biens *se-
cundum tabulas.*

Les législateurs modernes se sont beaucoup écarté de cette rigidité : ils ont considéré qu'il s'agissait de connaître la volonté
du testateur , et reduisant les formalités à
ce qu'elles doivent être aux yeux du législateur et dans l'exercice des droits civils , ils
n'ont conservé que ce qui est nécessaire pour
constater l'intention véritable et sérieuse du
défunt : c'est ce qui résulte évidemment de l'art.
970. du code napoléon, qui n'assujettit à aucune forme le testament écrit en entier de la
main du testateur. ,, A présent", disait le
tribun Jaubert en présentant · cette loi .
,, qu'il est bien reconnu que le droit de tes-

ter

ter n'appartient qu'au droit civil, et que conséquemment il ne s'agit que d'établir des précautions suffisantes pour reconnaitre la volonté, il était naturel que le code multipliât
les facilités toutes les fois qu'il ne reste-
rait pas de doute sur la volonté."

Si donc il existe dans le droit romain
une espèce de testamens, qui n'exige d'autres formalités, que celles nécessaires pour
constater la volonté sérieuse, il s'agira de savoir si la règle catonienne est applicable à
ces testamens. Mais le texte de la constitution de l'empereur Trajan porte, que les
militaires ne sont tenus à aucune forme dans
leurs testamens, et qu'il suffit qu'il conste de
leur volonté (1): le testament militaire est
donc celui sur lequel nous devons fixer notre
attention spéciale. Supposons le cas qu'un
particulier ait fait un testament invalide, et
qu'ensuite engagé au service de la patrie,
il vienne à décéder sans autre disposition,
quel en sera le sort? sera-t-il soutenu par
le privilège du soldat, qui dispensé de toute
formalité aurait pu le faire tel qu'il est? Ou

_______

(1) *L.* 1. *§* 1 *D. de testamento militis.*

I

la règle catonienne rendra-t-elle ce testament nul , parcequ'il l'a été dans le commencement ? Les jurisconsultes ont décidé, et l'empereur Antonin a confirmé cette décision (1), que le testament est valide, pourvu que le militaire n'ait pas manifesté une volonté contraire.

En effet du moment que le testament est considéré comme une simple déclaration de la volonté dernière, et dégagé de toute formalité, il n'importe de quelle manière cette volonté soit manifestée, même par des faits : c'est ainsi que celui qui déchire un testament olographe déclare par ce fait seul révoquer sa disposition, lors même qu'on pourrait rajuster les pièces et en constater le contenu. Or la volonté de l'homme étant ambulatoire, il suffit qu'il n'ait pas révoqué son testament, pour démontrer qu'il a persévéré jusqu'au moment de la mort dans cette même disposition, et cette déclaration manifestée par ce signe indubitable est équipollente à une déclaration faite verbalement ou par écrit. Le premier testament, quoique nul en soi, vaudra

-----

(1) L. 9 § 1. L. 15 § 2. L. 20 § 1. et L. 25 D. cod. tit.

comme testament militaire, par cela seul que le militaire ne l'ayant pas révoqué, a prouvé qu'il persistait dans la même volonté, ce qui équivaut à une nouvelle disposition du même contenu.

En appliquant ces principes à l'espèce proposée, le testament fait par une personne incapable , et par conséquent nul dans son origine, acquerra validité si une nouvelle loi attribue au testateur la faculté de tester, par cette seule raison, que le testateur ayant eu le pouvoir d'altérer ses dispositions, n'en a pas fait usage , et a par conséquent déclaré son intention, que les dispositions précédemment énoncées seraient suivies. La règle catonienne se trouvant hors de toute application sur les testamens actuels, par la grande différence entre l'esprit du droit romain et celui des législations modernes sur les formalités , les testamens devront quant à la capacité du testateur comme des légataires être réglés par la loi en vigueur au moment du décès , ainsi que nous avions déduit ci-dessus, et selon l'arrêt de la cour de cassation du 28 germinal an xi dans l'affaire Crugeot ( 1 ).

---

(1) Un arrêt de la cour d'appel de Turin du 7 juin 1809 a décidé le même principe.

Une des différences les plus notables que le code napoléon ait introduite dans le droit de disposer sur ses biens par volonté dernière est la prohibition absolue des substitutions fidéicommissaires, prononcée par l'art. 896 de ce code. Déjà plusieurs lois avaient été rendues en France pour modifier ces dispositions, mais aucune ne les avait positivement défendues. Anciennement et avant la loi du 23 août 1792, la France entière admettait les substitutions dans les pays de droit écrit, comme dans ceux de coutumes; la différence ne consistait que dans les actes par lesquels elles pouvaient être constituées : tous les départemens réunis s'accordaient à admettre la validité des substitutions, soit à perpétuité, soit du moins pour un espace de tems assez considérable. Il n'est donc pas étonnant qu'elles aient donné lieu à des questions compliquées et même à des dispositions législatives, qui à leur tour ont fourni matière à de nouvelles difficultés.

La première question qui pouvait s'élever était de savoir, si la substitution établie par un testament antérieur aux lois prohibitives devait subsister, lorsqu'il n'était confirmé par la mort que sous l'empire de la nouvelle loi. Il n'est presque pas nécessaire d'observer , que selon les règles que nous avons établies, ces substitutions n'ayant encore donné à aucune personne civilement existante un droit irrévocable , et leur validité appartenant au fond du droit, elles doivent être jugées d'après la loi en vigueur au moment où elles sont échues , et que par conséquent les substitutions non encore ouvertes , quoique devant leur origine à un testament antérieur à l'introduction du code napoléon , sont nulles et entrainent même la nullité de l'institution , si cette loi est introduite avant le décès du testateur. Tel est le voeu de l'art. 2 du décrèt du 14 nov. 1792 , et l'opinion de la cour de cassation émise dans les motifs d'un arrêt du 20 janvier 1806.

Nous ne pouvons nous dispenser de faire observer en passant, qu'une législation momentanée étendait beaucoup plus loin les conséquences de la prohibition portée contre les substitutions en général. Les lois du 17 nivose et 22 ventose an 2 déclarèrent nulles toutes substitutions ouvertes depuis le 14 juillet 1789 : ces lois fesaient remonter la prohibition des substitutions au 14 juillet 1789 , mais elles rendaient hommage aux principes consacrés ci dessus. Par une interprétation authentique, forcée peut être et arbitraire, mais qu'on ne pouvait guères attendre d'une autre manière dans une époque aussi étonnante, le gouvernement donnait aux événemens du 14 juillet 1789 une influence directe, non-seulement sur l'état politique de la France, mais aussi sur la législation, mais cette interprétation une fois admise la loi était très-conséquente, et si au 14 juillet 1789 les substitutions avaient été prohibées, toutes celles qui étaient ouvertes depuis cette époque, quoique constituées par des testamens antérieurs, devaient être comprises dans la proscription générale.

Mais si le testament est confirmé par le décès du testateur avant l'introduction de l'art. 896 du code napoléon, si la substitution est ouverte, et que des droits irrévocables sont acquis tant à l'institué qu'à ceux auxquels les biens doivent être restitués, si par conséquent la loi doit respecter ces droits acquis, la question se présente sous une forme entièrement différente. Voyons d'abord ce qui devrait avoir lieu dans le silence d'une loi positive; examinons ensuite quelles sont les dispositions établies par quelques lois; recherchons enfin comment devront être décidées les questions élevées sur ces lois mêmes.

S'il est une vérité, ainsi que nous croyons l'avoir démontré, que le fond de tout acte doit être régi par les lois en vigueur au moment où l'exécution est demandée, sauf les droits irrévocables qui se trouvaient compéter à des personnes civilement existantes au moment de l'introduction de la loi nouvelle , il s'en suivra nécessairement, que la substitution contraire aux dispositions du code napoléon doit être censée abolie par l'introduction de ce code , sauf les droits antérieurement acquis si le décès du testateur a eu lieu avant qu'il eut force de loi. Par conséquent quoique la substitution ne puisse plus exister, l'institué ou celui qui jouissait de la possession à charge de restitution lorsque le code a été rendu obligatoire, restera dans cette jouissance : le substitué sera maintenu dans le droit de recueillir après que la jouissance du possesseur aura cessé ; un second substitué conservera également le droit de succéder au premier, et ainsi de suite en faveur de toutes personnes, qui auront été civilement existantes au moment de l'introduction du code,

et nullement en faveur 'de celles qui n'étaient
pas nées ou conçues. Comme la substitution
contenait une charge de l'institué de conserver et de rendre les biens, il est clair que s'il
n'existe pas de substitué successible il est
déchargé de cette obligation, et par suite
celui qui étant en possession ne trouverait
aucune personne née avant le code dans le
cas de recueillir la succession après lui,
serait de droit propriétaire incommuable.

Cette explication des règles touchant les
substitutions ouvertes avant l'introduction d'une
loi prohibitive se trouve textuellement confir-
mée par l'art. 5 du décret du 14 nov. 1792;
et les mêmes principes sont reconnus dans
un avis du conseil d'état du royaume de Westphalie, approuvé par le roi en date du 9
janvier 1808, à l'occasion de l'introduction
du code napoléon dans ce royaume, dans
lequel les lois antérieures ne limitaient aucunément le droit de substituer par volonté
suprême.

Quoique nous n'ayons pu trouver aucune espèce dans laquelle les substitutions
ouvertes avant l'introduction du code napoléon aient donné lieu à des procès graves et

à des arrêts remarquables (1), néanmoins il parait que cette matière a occasionné des difficultés assez importantes pour mériter une attention particulière du souverain. Le décrèt organique des départemens anséatiques (2), rendu depuis exécutoire dans ceux de la Hollande (3) contient de nouvelles dispositions législatives sur l'effet des substitutions précédemment ouvertes, qui manifestent de plus en plus combien les substitutions sont peu favorables aux yeux du législateur. D'après ce décrèt les substitutions en général (4)

---

[1] Peut-être la raison en doit-elle être cherchée dans les lois de l'an 2, qui en abolissant les substitutions ne fesaient aucune différence pour les droits acquis.

[2] Du 4 juillet 1811, art. 149 et suivans.

[3] Par décrèt du 24 janvier 1812.

[4] D'après le texte exprès de l'art. 155 du décrèt du 4 juillet 1811, l'abolition ne porte que sur le genre de substitutions prohibées par le Code Napoléon, et non sur celles qui rentrent dans l'exception comprise aux art. 1048 et suivans. Nous n'avons pas cru nécessaire de répéter à tout moment cette limitation, mais tous nos argumens ne pourront être appliqués qu'aux substitutions prohibées.

I 5

sont prohibées : néanmoins et à l'égard de celles qui ont été faites avant l'introduction du code il est statué, qu'elles tiendront au profit du premier appellé né avant cette introduction, sans jamais passer à une seconde personne. Nous disons que cette loi est réstrictive ; car les principes que nous avons déduits et le décrèt de 1792 ne bornaient pas la transmission des biens substitués au seul premier appellé, mais admettaient les droits de tous les substitués à quelque dégré que ce soit , pourvu qu'ils fussent en état d'avoir un droit avant l'introduction du code : le décrèt précité ne conserve le droit de recueillir la substitution qu'au premier appellé , et exclut par conséquent toute dévolution ultérieure, lors même que les substitués à un degré subséquent auraient eu la faculté d'acquérir ce droit avant l'introduction du code.

Cependant quoique l'intention du législateur ait été de mettre fin par une loi expresse à toutes les questions transitoires, que la prohibition portée par le code aurait pu faire naitre au sujet des substitutions, il s'est élévé sur l'interprétation même de cette loi des questions que l'importance de la matière ne nous permet pas de passer sous silence (1).

Une première difficulté concerne l'expression de premier appellé : il s'est rencontré des personnes qui ont interprété cette dénomination dans le sens le plus strict, en la bornant à celui qui était appellé à recueillir la succession immédiatement après l'héritier institué ; d'autres au contraire ont étendu l'acception et ont compris sous les termes de la loi tous ceux qui sont appellés à recueillir la substitution après le possesseur actuel. Supposons que le testateur ait institué Paul, à la charge de restituer à Pierre ; que Pierre soit chargé de restituer à Jean, et celui-ci à Etienne : selon la première interprétation Paul sera l'institué et Pierre le premier appellé à recueillir la substitution, et par conséquent la substitution ne doit tenir qu'à son profit, quelle que soit la personne en possession des

_______________

(1) Il n'est pas à notre connaissance que ces questions aient déjà été portées devant la cour de cassation, ou une cour impériale. Le tribunal de première instance à Amsterdam n'a pas encore à ce sujet de jurisprudence constante, et les différentes chambres civiles qui le composent ont souvent été partagées dans leurs jugemens.

biens substitués : la seconde interprétation a
égard à la situation dans laquelle la substitution
se trouve lorsque la nouvelle loi est introduite :
si à cette époque Pierre était possesseur, Paul
sera également le premier appellé ; mais si la
substitution aurait déjà passé à Paul, Jean
étant le premier appellé à recueillir, la substitution tiendrait à son profit, et même au
profit d'Étienne, si Jean était entré en possession des biens avant que le code napoléon
ne fut déclaré exécutoire.

D'après les règles générales de droit, et
surtout celle que l'interprétation qui fait sor-
tir un effet plein et entier à la loi doit être
préférée à celle qui en restreint l'application,
il nous parait clair, que la dénomination de
*premier appellé* dont la loi s'est servie doit
être entendue de celui qui est appellé à recueillir immédiatement après le possesseur actuel, indifféremment si ce possesseur est
celui qui est le légataire institué ou s'il
n'a recueilli lui-même que par substitution à une personne prédécédée. A moins
d'admettre cette interprétation, non seulement la loi porterait un préjudice notable
aux substitués de biens qui auraient passé en mains secondes ou tierces d'après le

voeu du testateur, sans qu'aucune raison pourrait être rendue de cette défaveur, mais elle ne serait applicable qu'à une partie des substitutions ouvertes avant le code, celles qui seraient encore entre les mains des héritiers institués.

Une seconde difficulté bien plus considérable concerne l'application de la loi aux cas où le substitué n'est pas désigné nominativement ou d'une manière certaine, et dans lesquels la personne substituée n'est connue qu'au moment où elle est appellée à recueillir : tel est le cas de toutes substitutions à défaut d'enfans ou en faveur de l'ainé de la famille. Lorsque le testateur institue son fils à la charge de restituer les biens à ses enfans ou à l'ainé d'entr'eux, et à défaut d'enfans à une autre personne, il est indécis jusqu'au moment du décès de l'institué à qui les biens devront passer, parcequ'il est impossible de décider d'avance s'il laissera des enfans, ou bien lequel de ces enfans sera appellé comme ainé ou comme mâle. Cette question a donné lieu à trois opinions différentes. La première adjuge l'exspectative ou le droit de recueillir à celui qui au décès du possesseur actuel se trouvera être le sub-

stitué, pourvu qu'il ait été capable d'acquérir des droits lors de l'introduction du code :
la seconde distinguant entre les droits condi-
tionnels et éventuels, admet le substitué con-
ditionnellement (comme celui qui est appellé
à défaut d'enfans), s'il avait capacité d'acquérir au moment requis, et si la condition
existe; en cas de substitution éventuelle, ou
bien lorsque la condition de la substitution
n'existe pas, elle attribue la propriété incommuable au possesseur actuel : enfin la troisième accorde au possesseur l'usufruit, et la
propriété incommuable à celui qui était appellé à recueillir au moment de l'introduction
de la loi, et fixe irrévocablement les droits
des parties à la seule réserve de la jouissance, comme si le possesseur était décédé en
ce moment. '

La première de ces opinions qui laisse
la propriété des biens flottante dans l'incertitude la plus absolue, ne parait guères conforme ni à l'esprit de la loi, ni surtout au
motif qui a dicté la premiere prohibition
des substitutions en général (1). La seconde

_________________

(1) Les conférences au sujet du code et les motifs con-
tenus dans les discours des orateurs du gouvernement

a un inconvénient grave, celui de créer une distinction inconnue dans la loi. Quelle est la
différence que la loi reconnait entre les conditions ? C'est que les unes sont incertaines
absolument, les autres ne sont incertaines
que relativement au moment de leur existence : une obligation éventuelle est celle où
il n'est pas sûr si jamais elle aura lieu ; la
conditionnelle au contraire a une existence
assurée, quoique le moment de cette existence dépend de la condition même. Or cette
distinction, la seule qui puisse exister dans
l'espèce, ne constitue pas une différence réelle
en matière de substitution : toute substitution
dépend d'une survie qui est nonseulement in-

---

sur l'art. 896 prouvent, que le législateur a jugé utile
qu'il y eut des personnes intéressées à la conservation
des biens, et l'incertitude de la propriété qui dérive
des substitutions diminuant cet intérêt pouvait devenir
nuisible au bien public. L'opinion proposée a d'ailleurs
un autre inconvénient : ce n'est qu'au moment du décès, que la substitution peut être censée éteinte ou
dévolue à un autre, et il est assez difficile de concilier l'idée d'une propriété incommuable dont parle
la loi, avec celle de ne la faire commencer qu'à l'instant
de la mort.

certaine par rapport au moment de son existence, mais aussi par rapport à cette existence
même. La substitution, par laquelle Pierre
est chargé de rendre les biens à ses enfans,
est également incertaine que celle par laquelle,
en cas de décès sans enfans, il est chargé de
restituer à Paul : toutes deux dépendent d'événemens absolument incertains (1). En adop-

tant

---

(1) On a dit en faveur de cette opinion, que l'intention du testateur qui substitue à son légataire ses enfans et à leur défaut des étrangers, ne pouvait être de
préférer des étrangers à ce légataire au cas qu'il peut encore avoir des enfans. Nous répondons que l'intention
du testateur est de beaucoup de poids lorsqu'il s'agit
d'interpréter le testament, mais non pour restreindre les
lois prohibitives de cette disposition : la volonté la plus
clairement manifestée du défunt est que la substitution
ait lieu selon sa forme et teneur, et cependant la loi
n'y a aucun égard. On dit encore que la loi a respecté
les droits des premiers appellés, parcequ'ils pouvaient
avoir contracté des engagemens sur leur expectative,
et que celui qui jouissait des revenus réversibles à ses
enfans, s'il en avait, pouvait se trouver dans le même cas ; il n'aurait pas contracté mariage, s'il n'avait
été sûr du sort de ses enfans à naître. Il est hors de
doute qu'il est à plaindre, si la loi nouvelle a dérangé
ses projets, mais ce n'est pas une raison pour étendre
la volonté prononcée du législateur : ce même argument
vaudrait à l'égard de la quotité de la réserve ou légitime,
et de plusieurs autres dispositions pareilles.

tant cette opinion, et l'incertitude de la personne substituée consolidant la propriété avec l'usufruit entre les mains du possesseur actuel, il s'en suivrait que la loi aurait infirmé toutes substitutions ouvertes sous l'ancienne législation, sans les maintenir au profit de qui que ce soit.

Reste donc la troisième opinion qui laisse au possesseur l'usufruit des biens, et transmet la propriété à celui qui aurait recueilli la substitution, si ce possesseur était décédé au moment de l'introduction du code ; et s'il n'existe pas de personne civilement capable de recueillir aux termes du testament, accorde la propriété pleine et entière au possesseur (1). Ainsi celui qui est

_____________

(1) Si nous nous sommes servis de l'expression d'usufruitier, et de propriétaire direct, ce n'est pas que nous entendons que ces termes soient pris à la rigueur, comme s'il existait un véritable usufruit, mais uniquement pour donner plus de clarté à notre opinion. Le droit de propriété que nous attribuons au premier appellé n'est pas une extension arbitraire de la loi; elle est fondée sur sa disposition expresse qui confère la propriété incommuable au possesseur à défaut de premier appellé; d'où l'on peut déduire que lorsqu'il en existe, c'est à lui que cette propriété est dévolue.

K

chargé de rendre à ses enfans sera propriétaire incommuable, si au moment de l'introduction de la loi il n'avait pas d'enfans: si
au contraire il en a , ce seront ces enfans
déjà nés ou conçus qui seront les nûs pro-
priétaires, et il restera usufruitier. Si la substitution contient la charge de rendre à un
tiers en cas de décès sans enfans, ce tiers aura acquis la propriété du moment de l'introduction du code, si le possesseur est alors
sans postérité ; il aura au contraire perdu
irrévocablement tous ses droits, s'il y a des
enfans capables de recueillir, lors même que
le possesseur leur survivrait et décéderait sans
enfans (1). En interprétant ainsi la loi il
n'y a plus d'incertitude dans la propriété, et
celui qui est le propriétaire direct étant désigné d'une manière indubitable, il a l'intérêt

______________

(1) Par conséquent celui qui est chargé de restituer à
ses enfans sera propriétaire incommuable s'il n'a pas
d'enfans au moment de l'introduction de la loi, mais
s'il a des enfans ce sont eux qui ont acquis la propriété à
l'exclusion de leurs frères et sœurs conçus et nés depuis
cette époque. Cette conséquence peut paraître dure,
mais elle est nécessaire, et une pareille considération ne
peut intervertir l'ordre établi par la loi.

de conserver les biens, qui a motivé la prohibition ; toute la substitution se trouvant résolue en usufruit, et par là même dans un
état reconnu par la loi et assujettie à des règles fixes et invariables (1). Nous estimons
donc que pour juger des droits sur les biens
substitués d'après le texte et l'esprit du décrèt cité, il faut commencer par examiner
qui dans l'ordre de cette substitution aurait
recueilli les biens au cas que le possesseur
serait décédé au moment de l'introduction du
code napoléon : s'il existe une personne
capable de succéder auquel la substitution aurait été dévolue, la substitution est maintenue
à son égard, à cet effet que dès ce moment,
sauf l'usufruit du possesseur, il est propriétaire irrévocable de ces biens : si au contraire il n'existe point de personne ainsi appelé

---

[1] Si le premier appellé venait à décéder après l'introduction du code, le possesseur deviendrait-il propriétaire ? Nous croyons que non, tant parceque la loi
dit le contraire, que parceque cette dévolution serait
contraire à l'idée d'une substitution. Il faudrait alors
conférer tous les droits au second substitué, ou les faire
passer aux héritiers du premier appellé, et cette dernière
opinion est celle que nous croyons avoir justifiée.

lée en premier par le vœu de celui qui a introduit la substitution, le droit d'usufruit et celui de la nue propriété seront consolidés dans la personne du possesseur, qui jouira de la plénitude entière du droit de propriété (1).

Il est d'autres limitations au droit de disposer de ses biens par testament et même souvent entre-vifs, qui ont éprouvé des variations par les différentes lois qui se sont succédées ; telles sont les limitations sur les

------

(1) On a objecté contre cette opinion, que comme il y a toujours une personne civilement existante, qui aurait recueilli la substitution si le possesseur était décédé au moment de l'introduction du code, la loi se trouverait n'avoir aboli aucune substitution. Nous répondons que cette interprétation restreint la rétroactivité, mais qu'elle ne rend pas l'application de la loi impossible. En effet nous ne parlons que de ceux qui sont appellés par le testament même, et c'est à leur profit que la substitution doit tenir, et aucunément en faveur de ceux que la loi appelle à défaut de disposition. La substitution dans laquelle tous les cas sont prévus, et divers ordres de successions substituées l'un à défaut de l'autre, ne sera jamais éteinte, mais elle sera bornée à un seul dégré: celle au contraire qui ne substitue qu'un seul ordre, ou qui n'a pas prévu le défaut des substitués, pourra être éteinte.

avantages entre conjoints , surtout à l'égard
des secondes noces , les institutions contractuelles, la fixation de la portion due aux héritiers légitimaires, les règles sur les rapports
à succession : nous allons nous occuper de
ces différentes questions.

Lorsque la loi a changé au sujet des libéralités entre conjoints, soit que ces libéralités aient lieu entre vifs ou à cause de mort,
d'après les règles que nous avons posées, elles
devront être jugées par les lois existantes au
moment où l'exécution, soit de la donation , soit
du testament sera demandée , à moins qu'il ne
se trouve une personne civilement existante qui
ait acquis un droit irrévocable avant l'introduction de la nouvelle loi : aucune matière
n'a fourni plus de questions que celle que
nous traitons présentement, aucune ne nous
donnera l'occasion de prouver plus clairement
que nos principes sont ceux de la cour de
cassation et des jurisconsultes les plus estimés : nous ne citerons pas les exemples, qui
se trouvent réunis par M. Chabot de l'Allier,
in voce *don mutuel entre conjoints* , où il
confirme la jurisprudence de ces arrêts par
un raisonnement aussi judicieux qu'incontestable : mais un arrêt de la cour de cassation

du 15 dec. 1807 a décidé d'après les mêmes principes , que lorsque par contrat de mariage une donation avait été faite d'une somme à prélever à titre de préciput, elle devait être régie par la loi antérieure au code napoléon , quoique la succession ne serait ouverte qu'après son introduction, parcequ'il y avait un droit irrévocablement acquis. Un autre arrêt surtout remarquable par son application à l'espèce, a été rendu par la cour de cassation le 20 janvier 1806; cet arrêt décide que le droit irrévocablement acquis devait être jugé d'après les anciennes lois tant quant au fond que pour la validité des conditions y attachées (1).

Au nombre des limites que la loi a cru devoir poser aux libéralités entre époux, est la disposition de la fameuse loi *Hác edictali* au code *de secundis nuptiis*, par laquelle il est défendu aux parens d'avantager un second époux au delà de ce qui est laissé au moins prenant des enfans du premier lit : le code napoléon a adopté cette disposition art. 1098, mais avec cette clause expresse, que la part du second époux ne pourrait excéder le quart

______

(1) Cet arrêt est rapporté par M. Chabot de l'Allier, in voce *donations*, § 5.

de la succession : cette nouvelle fixation est désavantageuse aux seconds époux lorsqu'il n'y a qu'un ou deux enfans de premier lit, et que les parts auraient été faites égales. Pour régler les droits qui doivent être censés compéter au second époux après l'introduction dn code napoléon , il faudra encore recourir à la même distinction sur la révocabilité ou l'irrévocabilité de son droit au moment de cette introduction. Si les avantages ont été faits par dernière volonté ou donation révocable, et que l'époux donateur ou testateur survive à l'introduction du code napoléon , ces avantages devront se borner à ceux fixés par l'art. 1098 de ce code; mais s'il était décédé avant cette époque, ou si le défunt avait été lié par une convention expresse ou tacite indépendante de sa volonté, si par conséquent il y aurait eu un droit acquis irrévocablement, les anciennes lois régleraient ces avantages et ils pourraient excéder le quart. L'opinion des jurisconsnltes les plus renommés est conforme à ce résultat de nos principes (1) : et en les adoptant il n'est

---

(1) Chabot de l'Allier, in voce *noces secondes*. Grenier, Traité des donations, tom. 2, n°. 717, 718 et 719.

pas nécessaire de recourir à une fiction, dont on a cru devoir se servir pour concilier cette opinion avec un dicton généralement reçu, que toute succession doit être réglée par les lois en vigueur au moment du décès de celui *de cujus*.

La loi *feminæ* 3e au code *de secundis nuptiis* portait, qu'une veuve convolant à de secondes noces était par ce convol déchue de la nue propriété de tous les avantages qui lui avaient été faits par son mari, desquels elle ne conservait que l'usufruit : la loi suivante appliquait la même disposition aux veufs qui contractaient un second mariage. Ces modifi-, cations n'ont pas été reproduites par le code napoléon. Les avantages faits par un mari à sa femme qui convole à de secondes noces seront-elles réduites à la nue propriété après l'introduction du code napoléon ? La législation du moment où l'époux est décédé sera-t-elle suivie, ou bien celle du moment du convol ? S'il nous est permis de différer du célèbre jurisconsulte qui a traité avec tant de profondeur les questions transitoires (1),

_______________

(1) Chabot de l'Allier, in voce *noces secondes*, § 2.

nous serions d'avis, que l'époux qui convole à de secondes noces sous l'empire du code napoléon n'est pas déchu de la propriété des biens qu'il doit à la libéralité de son premier époux, à moins qu'il n'y ait condition expresse.

Nous avouons, et c'est un des principes que nous avons souvent invoqués, que l'irrévocabilité d'un droit doit être la marque distinctive de la législation par laquelle il est régi : c'est par conséquent le droit ancien qui régira les donations ou libéralités entre époux devenues irrévocables par le prédécès de l'un des conjoints avant l'introduction du code napoléon : mais il n'est pas aussi évident que toutes les suites accidentelles de ces actes doivent être jugées par la même loi. Il existe une différence marquée entre les effets d'une obligation résultans de sa nature, et ceux qui peuvent en être la suite, mais qui ne le sont qu'indirectement : une vente étant jugée valide d'après les anciennes lois produit nécessairement une action contre le vendeur en délivrance de la chose, contre l'acheteur en payement du prix ; mais il n'est pas également nécessaire que les défenses dont une des parties contractantes aurait pu se préva-

loir contre le contrat , comme la restitution
pour causse de dol , la réscision pour lésion
énorme soient conservées sur le même pied :
une femme mariée obligée irrévocablement ne
peut être dégagée par une nouvelle loi, mais
est-il également sûr qu'elle pourra se prévaloir de l'exception du senatusconsulte Velléjen,
inconnu sous le régime du code napoléon (1) ?
Nous croyons au contraire que c'est ici le
cas d'appliquer le septième principe que
nous avons posé, et qui se trouve précise-
ment énoncé par Bartole (2).    „ *Aut jus*
„ *quæsitum est*, dit ce jurisconsulte, *in an-*
„ *tiquá lege , tunc lex antiqua servanda,*
„ *modo lex antiqua tribuat jus sine aliquo*
„ *facto , sed ex merá ,et purá voluntate*
„ *et dispositione legis , et sine facto et*
„ *ministerio alicujus, ut in dote, doario, et*
„ *aliis juribus ex ipso matrimonii contracti*
„ *jure competentibus, sine alio hominis mi-*
„ *nisterio: aut vero, ut jus quæratur, fac-*

----

(1) Nous examinerons plus amplement cette question
par la suite.

(2) *In L. omnes populi* 9. *D. de Just. et Jure, n.* 47.

„ *tum hominis desideratur , nec jure et*
„ *lege jus quæritur , sed factum aliquod*
„ *requiritur; tunc illa lex aut consuetudo*
„ *servanda , sub quâ tale factum incidit.* ”
Comme cette règle sera plus amplement
traitée ci-après, nous nous réservons à prouver alors qu'elle est reçue par une jurisprudence constante.

Il est une autre manière de disposer de
ses biens, qui tient à la fois de la dernière
volonté et du contrat entre vifs, c'est l'institution contractuelle, par laquelle on constitue une disposition réciproque ou synallag-
matique sur les biens après le décès des parties, ou sur la manière dont la succession
sera réglée : ces contrats en usage dans plusieurs provinces de la France et notamment
dans les pays coutumiers, dans une partie de la
Belgique et des départemens de la Hollande
sont inconnus dans la jurisprudence du code
napoléon. Il n'est aucun doute, et c'est ce
que tous ceux qui ont traité cette matière
reconnaissent unanimement , que lorsque ces
institutions sont irrévocables , elles ne doivent produire le même effet , quelles que
soient les variations qu'ait éprouvé la législa-
lation.

Mais une question bien plus difficile est de savoir, lorsque ces institutions sont faites à charge de réserve ou de la légitime due à ceux auxquels la loi a attribué une portion des biens, quelle disposition doit être suivie pour fixer cette légitime? Supposons que dans les pays de droit écrit, dans la Belgique ou la Hollande, où la légitime était fixée d'après le droit romain au tiers ou à la moitié de la part due ab intestat, selon le nombre des enfans, une institution quelconque ait eu lieu sur tous les biens disponibles, et que celui dont la succession doit être recueillie vienne à décéder sous l'empire du code napoléon qui en réduisant la portion disponible à la moitié, au tiers ou au quart suivant les circonstances, a augmenté considérablement la réserve des légitimaires, quelle sera la part qui doit revenir à ces héritiers légitimaires? Lorsqu'il y a deux enfans sera-t-elle d'un tiers suivant les anciennes lois, ou de deux tiers aux termes de l'art. 913 du code napoléon? Cette question, qui est une des plus intéressantes que le changement de législation puisse occasionner, peut se présenter et s'est en effet présentée sous des formes variées à l'infini.

En appliquant les règles que nous avons données, la solution dépendra uniquement d'une question de fait, si dans l'espèce proposée le droit de recueillir la succession était irrévocablement acquis. Nous disons, d'une question de fait : car il ne s'agit pas de démêler quel était l'effet du titre de celui qui prétend à la succession ; cette recherche est absolument étrangère à la question transitoire : mais l'effet décidé, il ne s'agit que de juger de son influence sur la succession échue sous une législation différente, et c'est par rapport à cette influence, que nous croyons devoir considérer la question sur la révocabilité du droit prétendu comme une question de fait.

Déjà les empereurs romains avaient reconnu en principe, que la fixation de la quotité de la légitime ne pouvait avoir aucune influence sur les donations antérieures. Lorsque l'empereur Justinien par la novelle 18 eut augmenté considérablement la légitime des enfans, il crut par une seconde loi devoir expliquer cette novelle, de manière qu'elle ne pouvait diminuer les donations faites antérieurement, au sujet desquelles il voulut que l'ancienne fixation de la légitime serait seule considérée. Telle est la disposition de la novelle 92, et le compilateur des authentiques a rappellé ces deux lois dans les authentiques *Novissima* et *Unde et si*, au code *de inofficioso testamento*. La raison de cette loi n'était évidemment autre, que l'irrévocabilité de la donation entre vifs, qui ne permettait pas qu'une législation postérieure apportât des changemens aux droits antérieurement acquis: aussi la loi 6e. au code *de inofficioso testamento* qui précède immédiatement ces deux authentiques, décide justement le contraire lorsqu'il s'agit d'un testament dans lequel il n'est jamais conféré qu'un droit révocable à volonté.

Avant d'examiner les monumens incontestables de la jurisprudence actuelle sur un point aussi important, il convient d'observer, que dans le moment où l'exagération des principes révolutionnaires avait fait oublier les idées les plus saines sur la législation, quelques lois avaient été rendues, qui fesaient remonter à une époque bien plus reculée l'effet des prohibitions postérieurement introduites, ou qui même annullaient toutes conventions contraires quoiqu'antérieures: telles sont les lois du 17 nivose et 9 fructidor an 2, et du 3 vendémiaire an 4;

mais l'effervescence du moment passée ces lois
ont été rapportées, et dès le 18 pluviose an
5 une autre loi révoqua toutes ces dispositions rétroactives.

Une donation entre vifs, irrévocable par
sa nature ayant été attaquée comme diminuant la réserve établie par une loi postérieure, fut maintenue par arrêt de la cour
d'appel de Paris rendu conformément aux conclusions de M. Cahier substitut du procu-
reur-général, le 27 mai 1807. „ Considérant," ce sont les termes de l'arrêt, „ que
la loi ne dispose que pour l'avenir, qu'elle
n'a pas d'effet rétroactif, que la forme et les
effets de toute donation entre vifs irrévocable
de sa nature, sont réglés et déterminés par
la loi en vigueur au moment de la donation." (1).

Dans le Piémont la loi n'appellait point
les filles à la succession ab intestat des ascendans : le code napoléon y ayant été in-

_______________

(4) Cet arrêt est rapporté au long avec les conclusions motivées du ministère public par M. Chabot de
l'Allier, in voce *réduction des dispositions à titre gratuit*,
§ 2.

troduit, la question s'est présentée de savoir, si
des institutions contractuelles ou des donations
entre vifs, qui absorbaient la totalité des biens
ou qui excédaient la partie disponible, pouvaient être réduites d'après l'art. 920 et suivans de ce code, lorsque les donateurs décé-
daient sous cette loi. Deux arrêts de la cour
d'appel de Turin du 15 mars 1806 décidèrent
en faveur du donataire : le dernier attaqué
par la voie de la cassation fut confirmé par arrêt de la cour suprême du 15 dec. 1807.
Les motifs des deux premiers arrêts quoiqu'également conformes à nos principes contiennent des questions étrangères à la matière;
il nous suffira de transcrire ceux de l'arrêt
de la cour de cassation : ,, Attendu que l'arrêt
attaqué, en décidant que la donation faite à
Gaspard Bulla par son contrat de mariage,
et à une époque lors de laquelle les filles
piémontaises n'avaient aucune réclamation à
exercer sur la succession de leurs pères et
mères, lui avait conféré un droit nonseulement irrévocable de sa nature, mais encore
maintenu comme tel par plusieurs lois, et
notamment par celle du 18 pluviose an 5,
n'a proclamé qu'une doctrine conforme à tous
les principes, et qu'en conséquence il en a
jus-

justement conclu, que les dispositions du code napoléon ne lui sont point applicables, non-obstant le décès du père commun survenu postérieurement à sa publication, la cour rejette le pourvoi."

Dans une espèce différente un autre arrêt de la cour d'appel de Turin a consacré notre principe, que s'il n'y a qu'un droit révocable, la nouvelle loi doit être appliquée: la coutume du Piémont admettait les filles exclues en faveur des fils à la succession lorsqu'elles concouraient avec des collatéraux; cependant il y en avait qui renonçaient à la succession future de leurs parens, comme dans les coutumes de non-exclusion. La question se présenta de savoir, si le père étant décédé après l'introduction du code napoléon, la fille était exclue de sa succession. Dans notre manière de voir il n'y avait aucun droit acquis irrévocablement ni par le statut, qui n'avait pu donner ouverture à cette acquisition, par la règle *viventis nulla est hereditas*, ni par la rénonciation, qui n'était faite en faveur d'aucune personne déterminée, et qui était dépourvue d'acceptation : par conséquent la fille devait succéder d'après le code conjointement avec ses frères et à l'exclusion des ascendans et collatéraux. C'est aussi ce qui fut jugé par le tribunal de Turin le 12 fructidor an 12, et confirmé par arrêt de la cour d'appel de la même ville sur les conclusions conformes du ministère public le 4 ventose an 13.

Les mêmes principes, qui font dépendre la décision au sujet des lois qui doivent régir les effets d'un acte quelconque de la révocabilité ou de l'irrévocabilité des droits acquis sous une loi abrogée, ont été enseignés et lumineusement discutés par deux auteurs célèbres, qui ont traité ces questions avec plus d'exactitude qu'aucun autre. Le premier est le conseiller Chabot de l'Allier (1), le second le baron Grenier (2), qui ont non-seulement adopté en général les mêmes principes quant à cette règle, mais qui en ont expliqué les conséquences bien plus au large que les bornes que nous nous sommes prescrits ne peuvent le permettre, et nous croyons pouvoir renvoyer à ces deux ouvrages précieux.

---

(1) Questions transitoires in voce : *Démission de biens; donations ; dons entre concubinaires ; réduction, etc.*

(2) Traité des donations et testamens, tom. II, n. 441, 442, 717 et suivans.

Une autre difficulté peut se présenter à l'égard des libéralités par testament ou entre vifs, et il nous parait important de nous en occuper. Il est plusieurs espèces de biens relativement aux droits qui peuvent être exercés : quelques-unes de ces espèces sont distinctes par leur nature, comme les biens meubles et immeubles, d'autres le sont par la loi civile comme les propres, acquêts ou conquêts, les biens allodiaux et féodaux : lorsque dans une succession ou donation il est question de juger de la nature de ces biens, et que la législation ait varié sur ce point, soit que des biens aient été placés dans une autre catégorie (comme les rentes, qui par le code napoléon sont censées meubles, tandis qu'elles étaient en quelques endroits considérées comme immeubles), soit que la distinction entière ait été supprimée, la demande peut être élevée, quelle loi doit être suivie pour décider de la nature des biens ? Comment fixer les droits d'une femme à qui la coutume a accordé une part différente dans les propres et dans les acquêts, quand cette distinction est abolie par la loi sous laquelle l'éxecution est demandée ? Les rentes ci-devant immeubles, mais mobi-

lisées depuis, comment seront-elles considérées si elles étaient de nature différente sous
la loi qui régissait la libéralité, et celle qui
en régit l'exécution ?

La révocabilité ou l'irrévocabilité du droit
acquis avant l'introduction de la loi nouvelle
pourra encore servir à décider toutes ces
questions : du moment qu'il y a un droit irrévocablement acquis la loi n'y peut plus porter aucune atteinte : or ce serait changer ce
droit en substituant à l'ancienne distinction
des biens, ce que cette nouvelle loi peut
avoir introduit : au contraire s'il n'est pas
de droit acquis, ou que celui qui existe puisse
être révoqué ou modifié à volonté, la nouvelle loi devra être suivie. Mais dans cette
espèce la révocabilité du droit peut dépendre
de deux circonstances : ou le titre même qui
le confère peut être soumis à la volonté de
quelcun, comme lorsqu'il y a disposition testamentaire, ou bien l'effet peut être subordonné à des mutations qui dépendent d'une
personne vivante, et dans ce cas il n'y a pas
de droit irrévocablement acquis. Supposons
une loi ou coutume, qui accorde aux veuves
un droit d'usufruit sur les immeubles, mais
qui ne limite pas la faculté du mari d'aliéner

ces immeubles ; en ce cas quoique le droit
de la femme aux gains de survie soit irrévocablement acquis par le seul fait du mariage,
il ne tient qu'au mari de rendre illusoire cet
avantage en aliénant tous ses immeubles : ce
droit est donc dans le fait révocable à volonté.
Nous croyons par conséquent pouvoir exiger
deux conditions avant d'appliquer la loi ancienne , savoir l'irrévocabilité du droit , et
l'incommutabilité des biens.

C'est d'après ces principes que les différentes cours ont jugé, que lorsqu'il s'agissait
de titre révocable , on devait se tenir aux
dispositions du code napoléon : et qu'au contraire on devait admettre les anciennes distinctions toutes fois qu'il s'agissait d'un droit
irrévocable ( 1 ). Pour ce qui concerne la
commutabilité des biens , cette question ne
peut être élevée au sujet des propres, acquêts
ou conquêts , des franc-alleux ou des fiefs,
parceque ces destinations ne dépendent pas
de la volonté du possesseur , mais elle

_______________

(1) *Arrêt de la cour de Rouen du* 12 *Dec.* 1807; *de la
cour d'Angers du* 30 *août* 1806; *de la cour de Trèves du*
5 *janvier* 1807.

pourrait l'être lorsqu'il y a différence entre les meubles et immeubles. Nous ne savons pas que cette espèce se soit jamais présentée sous ce point de vue, et l'arrêt de la cour de Rouen du 12 Dec. 1807 ne l'a décidée, que relativement à la difficulté qui se proposait sur les rentes, si elles fesaient partie des acquêts : aussi la difficulté énoncée dans le dernier considérant de cet arrêt, que le mari pourrait s'approprier la totalité d'une succession consistante en rentes sous prétexte de leur mobilisation n'est pas concluante : ou le mari pouvait aliéner les immeubles sans être tenu au remploi, ou il n'en avait pas la faculté ; au second cas, il y a droit irrévocablement acquis , et 'la loi nouvelle ne peut recevoir aucune application ; au premier cas, il ne tient qu'au mari de placer la fortune entière de sa femme en effets ou biens meubles, et on ne pourra lui disputer la succession entière.

Tout ce qui tient aux droits matrimoniaux doit être décidé d'après la même règle sur l'irrévocabilité des droits acquis avant l'introduction de la loi , sans qu'il y ait lieu à faire aucune différence entre les droits et avantages dûs en vertu du statut ou d'une convention expresse. C'est un point sur lequel la jurisprudence est entièrement fixée (1), et il n'est pas même nécessaire d'avoir recours à la fiction d'une convention tacite par laquelle les parties se seraient soumises aux statuts (2): il suffit que les droits des époux aient été acquis irrévocablement, pour que toute législation postérieure doive par sa nature respecter ces droits, à moins d'une déclaration expresse du législateur. Par conséquent les douaires, les gains de survie, les effets de la communauté conventionnelle ou statutaire ne devront être jugés que par la loi du moment où les droits des conjoints ont été fixés irrévocablement, et les dispositions du code napoléon ne peuvent être appliquées aux questions qui se sont élevées ou s'élèveraient par la suite sur les droits

_______________

(1) *Arrêt de la cour de cassation du 27 germinal an 12, du 8 prairial an 13 et du 4 août 1806 ; de la cour de Liège du 26 messidor an 11 ; de la cour de Bruxelles du 4 messidor an 12 et du 23 dec. 1806.*

(2) On pourrait alors appliquer avec quelque apparence de raison les motifs d'un arrêt de 1586, rapporté par Louet lettre C , § 6 et allégué par Chabot de l'Allier, *in voce Douaires coutumiers.*

des époux ou de leurs ayant cause, lorsque le mariage conclu sous une autre loi avait d'après cette législation fixé sans retour les droits des conjoints sur leurs biens réciproques.

Il en est tout autrement des droits révocables, c'est-à-dire des avantages permis entre époux, mais qui dépendaient de la volonté de l'un des conjoints. Lorsque par exemple des époux se sont mariés sous une loi qui laissait liberté entière d'avantager le conjoint par volonté dernière ou autrement, et qu'avant son décès ou avant que de toute autre façon il ait disposé irrévocablement sur ces avantages le code napoléon soit introduit, les libéralités ne pourront avoir lieu que sous les réstrictions posées par ce code: l'époux dont les avantages sont ainsi restreints n'a auc'a lieu de se plaindre, car il ne tenait qu'à son conjoint de borner sa libéralité au taux de la nouvelle loi. Si dans l'hypothèse opposée l'ancienne coutume resserrait la faculté d'avantager le conjoint, il n'y a personne qui avait un droit acquis sur le reste de la succession de l'époux premier mourant, et qui pourrait se plaindre d'être privé de ses droits.

Le rapport à la succession des avantages qu'on a perçus pendant la vie de celui
*de cujus*, est encore un point sur lequel la
variation des lois peut faire naitre des questions très épineuses, que nous croyons pouvoir résoudre par les principes établis.  Par
les lois romaines comme par le code napoléon, l'héritier qui du vivant du défunt
a reçu des donations est tenu de les remettre en commun pour être ensuite partagées entre lui et ses cohéritiers; mais il a le
droit de renoncer à la succession et de se
tenir aux avantages qui lui ont été faits. Lorsque le donataire a acquis un droit irrévocable, ce qui a lieu dans la plus grande partie des donations entre vifs, et que la donation n'était pas dans son origine sujette à
rapport, d'après nos règles sur la rétroactivité des lois, la donation devra rester intacte,
quelle qu'ait été la nouvelle législation introduite depuis.  Telle est l'opinion des principaux auteurs, et la jurisprudence de la cour
de cassation dans ses arrêts du 2 pluviose an
12 et du 4 mai 1807 : elle est conforme à
ce que nous avons déjà démontré dans plusieurs espèces.

Mais une autre question qui a divisé les

jurisconsultes est de savoir si celui qui ayant accepté une donation non sujette à rapport sous l'ancienne loi peut succéder sous l'empire du code napoléon sans satisfaire aux dispositions de l'art. 843 de ce code. M. Grenier en traitant cette question dans la première édition de son traité des donations avait soutenu, que l'acceptation ou la répudiation faite sous l'empire du code napoléon décidait de la question sur le rapport : qu'il ne s'agissait plus de juger si la donation était par elle même sujette à rapport, ce qui dépendait des lois sous lesquelles elle avait acquis le caractère de l'irrévocabilité, mais que la question se bornait à savoir si le donataire en acceptant la succession sous l'empire du code ne se soumettait pas de son gré aux dispositions de ce code. M. Chabot a émis une opinion contraire et a réfuté les argumens de M. Grenier : il n'admet pas la distinction établie entre les droits relatifs à la donation et ceux de la succession : la loi nouvelle règle, dit-il, la successibilité, c'est-à-dire elle décide si le donataire est appellé à la succession, mais elle ne peut rien statuer sur le rapport d'une donation faite irrévocablement , et non sujette à rapport avant son introduction : enfin le donateur ayant consommé sa libéralité sous une loi qui dispensait le donataire du rapport, doit être censé en avoir tacitement dispensé le donataire, ce qui lui est permis aux termes de l'art. 843 du code. Dans la seconde édition de son ouvrage, tom. II nº. 534, M. Grenier a combattu cette opinion de M. Chabot, et reproduit ses argumens en les défendant contre les remarques de ce profond jurisconsulte.

Si dans un conflit de sentimens et d'autorités aussi respectables il pouvait nous être permis de prendre un parti, nous embrasserions l'opinion de M. Grenier, qui applique les dispositions du code napoléon à l'espèce. En effet l'acceptation de la succession est un acte purement facultatif auquel le donataire n'est pas tenu, et il ne peut imputer à aucune rétroactivité de la loi, si cette acceptation lui impose une obligation nouvelle : d'ailleurs le défunt ayant survécu à l'introduction du code napoléon, ayant par conséquent eu connaissance de ses dispositions législatives, avait la faculté de prohiber le rapport, en mentionnant sa volonté que la donation précédemment faite serait hors-part et par voie de préciput: s'il n'a pas fait une pareille disposition, c'est qu'il faut présumer que son intention était de se conformer aux dispositions de la loi qui devaient lui être connues : le donateur (ce sont presque les propres termes de M. Chabot) qui n'a rien stipulé de contraire à cette disposition de la loi, a entendu s'y conformer comme le donataire qui a accepté: pourquoi ce même argument ne seraitil pas applicable à celui dont la succession est en question ? S'il n'a pas fait de déclaration d'une volonté contraire, il est censé se conformer aux dispositions de la loi sous laquelle il vient à mourir ; le donataire s'il accepte la succession s'y conforme également.

S'il est vrai que les droits irrévocablement acquis sont absolument indépendans d'une loi introduite après que ces droits sont fixés sans retour, il est évident que les questions transitoires doivent être bien plus rares au sujet des contrats dans lesquels les droits stipulés sont presque toujours irrévocables. Il n'importe qu'il soit dû à terme ou sous une condition ; cette condition peut être absolument incertaine, suspensive on résolutoire, la règle du droit romain, *la condition accomplie a un effet rétroactif au jour an quel l'engagement a été contracté*, qui a été adoptée par l'art. 1179 du code napoléon, replaçant toujours l'obligation conditionnelle au tems de la loi sous laquelle elle a été contractée, il ne peut guères être question de revocabilité. Il est cependant quelques cas, dans lesquels l'ancienne loi accordait une faculté interdite par la loi nouvelle; comme l'usage de cette faculté n'était pas obligatoire, mais dépendait de la volonté de celui qui l'exerçait, il ne pouvait y avoir de droit acquis irrévocablement, et la nouvelle loi doit régler les effets de la convention antérieure. Ainsi dans plusieurs villes de commerce les statuts locaux ou la coutume avaient introduit un terme de quelques jours appellés *de grace* ou *de répit* pour le payement des lettres de change : ce délai n'étant pas obligatoire pour le porteur, mais celui-ci ayant la faculté d'exiger le payement au jour de l'échéance ou d'attendre l'expiration de ce delai, l'accepteur ne pouvait se prévaloir de son droit : aussi nul doute que des lettres de change, quoique antérieurement tirées ne doivent être protestées le lendemain de l'échéance, si le porteur veut conserver ses droits , lorsque l'art. 161. du code de commerce est devenu exécutoire avant l'échéance.

---

Il est néanmoins au nombre des règles que nous avons données une, qui reçoit très souvent son application sur les contrats comme sur les dispositions de pure libéralité, et qu'il est utile d'examiner avec quelque attention : c'est la septième règle, que les droits acquis quoique irrévocables ne sont régis par l'ancienne loi que pour ce qui concerne leurs suites nécessaires et immédiates, mais aucunément pour les conséquences plus éloignées : ce principe , dont nous avons déjà eu l'occasion de dire un mot est un de ceux qui est le plus fécond. Déjà nous avons cité l'autorité de Bartole , mais nous allons développer plus amplement le sens que nous croyons devoir attacher à sa doctrine aussi importante qu'elle est indubitable.

Lorsqu'un contrat est passé, un testament confirmé par la mort, ou toute autre ouverture donnée à des droits et des obligations civiles, il y a deux espèces d'actions ou d'exceptions ; celles qui existent dès le moment même ; et celles qui peuvent par la suite devoir leur origine à des faits non encore existans, mais qui se rapportent cependant à cette première ouverture du droit. Ainsi le contrat de vente donne évidemment de suite et par sa nature naissance aux droits et obligations du vendeur comme de l'acheteur à la délivrance de la chose et au payement du prix, mais il peut par la suite donner lieu à une action en rescision pour cause de lésion, s'il se trouve qu'une des parties ait éprouvé un dommage considérable : une donation entre vifs dessaisit le donateur et transfère la propriété au donataire par suite nécessaire et immédiate ; par une conséquence éloignée elle peut faire naitre une action en révocation, soit pour survenance d'enfans ou pour cause d'ingratitude. Dans tous ces cas, lorsque la loi ou la volonté des parties contractantes ne se sont pas expliqués en termes formels, nous croyons que les droits acquis irrévocablement avant l'introduction des nouvelles lois sont soumis aux lois anciennes dans toutes leurs suites immédiates, qui dépendent de la nature même de ces droits, mais que les conséquences accidentelles et plus éloignées , quoique dérivant de droits ou d'obligations acquis et ouverts , doivent être jugés uniquement d'après les lois nouvelles.

Il n'est aucun doute qu'un droit, auquel est attaché une condition résolutoire, ne puisse être acquis aussi irrévocablement que celui qui n'est dépendant d'aucune condition ; tel est celui d'un acheteur avec pacte de réméré ; mais c'est alors un effet d'une condition spéciale insérée au contrat, qui devient inhérente à l'espèce ; l'exercice de ce droit de réméré devient une conséquence nécessaire et immédiate, non du contrat de vente, mais du pacte spécial qui y a été ajouté et qui en devient une partie ; c'est une clause expresse, qui a déterminé les parties à faire le contrat tel qu'il est, soit qu'à défaut de ce pacte il n'y aurait pas eu de vente, soit qu'il ait influé sur la fixation du prix. Il en est bien autrement de l'action en rescision pour lésion énorme : les parties contractantes n'ont pas eu en vue cette disposition de la loi, et ce n'est pas à raison de cette action qu'elles se sont déterminées au contrat, mais au contraire elles se seraient gardées de le célébrer, si elles avaient pu prévoir cette lésion ; cette

cette action ne peut donc être considérée comme fesant partie des droits des contractans, ou comme inhérente au contrat.

Le même raisonnement s'applique aux autres espèces : le donateur savait qu'il se dessaisit de la chose donnée ; il a pu y ajouter une clause, mais il ne peut être censé avoir subordonné la donation à des cas qui donneraient lieu à la révocation légale, parce qu'alors il n'aurait pas fait cet acte de libéralité. Le cas existant, la loi lui accorde le droit de révocation, non parceque sa donation était conditionnelle, mais parcequ'elle croit le donataire indigne, ou qu'elle juge ne pas devoir abandonner le sort des enfans à naitre, à l'imprévoyance d'un père qui n'a vu que le moment présent.

Pour juger dans le fait si les conséquences d'un droit ouvert sont immédiates et nécessaires ou accidentelles, il faut avoir égard à la nature de ce droit : s'il n'est pas nécessaire de recourir à aucun nouveau fait, à aucune nouvelle déclaration de volonté, à aucun jugement autre que celui qui déclare l'existence du cas, on devra le considérer comme suite nécessaire du droit préexistant : au contraire s'il faut un nouveau fait, une

déclaration expresse de la volonté, un jugement admettant le droit, la suite ne sera qu'accidentelle. 'Lors par exemple, que je demande le payement du prix de la chose vendue,
je n'ai besoin d'attendre aucun événement,
aucune déclaration de volonté; le jugement
qui me l'adjuge ne sera que la simple déclaration des faits, et le juge ne décide que sur
la vérité de ce que j'avance: au contraire si
je demande la rescision pour cause de lésion,
non seulement cette lésion doit être consta-
tée, mais le jugement doit rescinder un contrat existant jusqu'à cette époque.

Cette distinction est également applicable
aux défenses ; supposé que je sois attaqué en
vertu d'un contrat quelconque, et que j'oppose la nullité de ce contrat, le jugement ne
dépendra d'aucun nouveau fait, et ne fera
que déclarer si ce contrat a été valide ou non
dès le commencement : mais si je me borne
à alléguer une exception quelque peremtoire
qu'elle soit, par exemple la solution, il faudra établir ce nouveau fait, et déclarer que
le contrat qui avait obligé les parties n'a plus
de force obligatoire. Si mon exception n'est
pas fondée sur un fait, mais en droit, comme l'exception du sénatusconsulte Macédo-

nien ou Velléjen, celle de valeur non fournie ou autre quelconque, il faudra admettre
la même différence entre celles qui annullaient le contrat dès son commencement et qui
par conséquent y étaient inhérentes (1), et celles qui quoiqu'admises par la loi, présupposaient
cependant la validité du contrat : les exceptions
de la première espèce équivaudront aux nullités ; celles de la seconde aux exceptions de fait.

Voici donc un nouveau principe qui peut
servir à décider plusieurs cas transitoires, et
qui peut établir des exceptions aux règles antérieures ; savoir, que toutes suites accidentelles
d'un acte ne sont pas assujetties aux lois anciennes, mais aux nouvelles. Ce principe
s'applique d'abord à toutes demandes en rescision fondées non sur un pacte exprès, mais
sur la loi même, soit à cause de lésion, de
dol, d'erreur, de crainte, de minorité, de
fraude aux créanciers, de survenance d'enfans ou d'ingratitude en cas de donation : il
reçoit une seconde application aux exceptions
qui n'emportent pas la nullité de l'obligation .

---

(1) C'est ce que les jurisconsultes romains expri-
maient très-énergiquement par *inesse a parte rei.*

même : enfin à des actions qui ne produisaient leur effet qu'après un jugement qui appréciait la valeur de cette action. Examinons succinctement ces trois corollaires d'une règle que nous croyons suffisamment démontrée.

Toute action rescisoire ou révocatoire en vertu de la loi et non d'un pacte exprès entre les parties ne peut être considérée comme une conséquence immédiate et nécessaire des actes antérieurs à l'introduction de la loi, mais au contraire les parties si elles avaient cru qu'il y aurait lieu à cette action, auraient préféré ne pas s'obliger du tout. Cette action est un remède accordé par la loi contre le vœu des contractans, et pour subvenir, soit à l'inégalité subsistante dès le moment même du contrat, soit à ses effets qui par une imprévoyance du cas existant se trouveraient en opposition à l'intention primitive. » On ne peut donc dire, que les parties par un aveu tacite se sont soumises aux dispositions de la loi ou du statut local : on n'argumentera pas de ce qu'elles ont suivi la foi de cette législation, parcequ'elle ne dispose que pour un cas inattendu et contraire à la volonté de ces parties : cette

supposition serait éversive du contrat même;
et on ne peut admettre une hypothèse dans
laquelle les contractans n'auraient pas eu la
volonté sérieuse de s'engager. Il y a plus:
dans tous les cas où il y a lieu à une rescision ou une révocation, il faut une nouvelle
déclaration de la volonté de la partie lésée, il
faut un nouveau fait pour faire cesser les effets du contrat ou de l'acte, et ce nouveau
fait sera soumis à la législation du moment auquel il a lieu. Il en serait de même si par
un accident imprévu l'acte se trouve révoqué
de droit: cette révocation serait soumise à la
législation qui la prescrit en termes formels.

La rescision d'un contrat de vente pour
cause de lésion devra donc être jugée par la
loi, non sous laquelle la vente a été faite,
mais sous laquelle l'action en rescision est
entamée. Elle n'est pas une suite immédiate
du contrat; les parties n'ont pas eu en vue
cette action lorsqu'elles se sont engagées; le
contrat n'était pas nul de plein droit, mais
il fallait un jugement qui le rescindât sur la
demande de la partie lésée, et il subsistait
jusqu'à ce moment; il n'y avait véritablement aucun droit acquis à la partie lésée; l'action ne devra donc être jugée que

d'après la législation nouvelle si c'est après l'introduction de cette législation qu'elle est instituée, au lieu que si elle était entamée avant cette introduction il y aurait droit acquis à la partie lésée, demanderesse en rescision. Ce raisonnement nous parait si évident que nous nous croyons suffisamment autorisés à admettre une opinion contraire à celle adoptée par M. Chabot (1) sur l'autorité d'un arrêt de la cour d'appel de Turin du 13 frimaire an 13. Le seul argument que cet auteur si respectable oppose à l'objection qu'il s'était proposée, se borne à la règle générale que tout contrat doit être régi par la loi sous laquelle il est consenti : nous accordons pleinement la vérité de ce principe, mais nous osons douter, que ce jurisconsulte même persisterait dans cette solution, lorsque l'action en rescision lui serait présentée comme une exception à cette règle puisée dans la nature de la chose (2).

---

(1) In voce *rescision* n. 1 et 2.

(2) La cour de cassation, quoiqu'elle n'ait jamais pour autant que nous en ayons connaissance décidé directement cette question, s'est prononcée implicitement en faveur de notre opinion, en jugeant que le code na-

La restitution en entier introduite par le droit romain et admise par toutes les législations de l'Europe a été bannie de la nouvelle jurisprudence française, ou du moins bornée à un très petit nombre de cas : ce sera à ces seuls cas qu'elle devra être restreinte, lors même que l'acte contre lequel elle aurait pu être employée d'après les anciennes lois a été fait sous leur empire, pourvu qu'elle n'ait pas été demandée avant la nouvelle loi. Il ne s'agit pas des remèdes ordinaires, comme de la nullité des contrats pour cause de dol ou d'erreur ; ces nullités sont inhérentes et inséparables du contrat même, et le contrat devant être jugé d'après les lois sous lesquelles il a été fait, doit toujours être censé nul et incapable de produire aucun effet : mais nous parlons de ce moyen extraordinaire accordé par toutes les législa-

---

poléon n'est pas applicable aux demandes en rescision exercées antérieurement à l'introduction de ce code. *Arrêt du 22 Juillet* 1806. On pourrait en conclure *a contrario*, que le code recevrait son application, si l'action était exercée postérieurement à son introduction, lors même que le contrat remonterait à une époque plus reculée.

M 4

tions anciennes dans certains cas à défaut des remèdes ordinaires de justice : moyen de grâce et qui par cette raison ne pouvait être accordé que par le souverain lui même en vertu de la plénitude de sa puissance, ou par ceux auxquels il avait jugé pouvoir déléguer cette partie du pouvoir souverain. Or ce moyen n'étant pas connu dans le code, celui qui voulait s'en servir n'ayant aucun droit à la grâce que le souverain pouvait accorder ou refuser à son gré (1), cette restitution ne peut être demandée après l'introduction du code : mais demandée avant cette introduction, et surtout si elle était consentie, il n'y aurait plus de raison pour ne pas en reconnaitre les effets comme droits acquis irrévocablement. Il est d'ailleurs une autre raison de ne plus admettre ces restitutions, c'est

---

(1) Nous savons que les lettres de relief ou de restitution s'obtenaient partout à la seule demande de celui qui se prétendait dans le cas d'être restitué, sauf l'entérinement devant le juge compétent, et que par là ce juge était en effet appellé à décider sur la restitution: mais comme la restitution était au fond un moyen de grâce et non de justice, l'impétrant n'aurait pas eu lieu de se plaindre en cas de refus.

qu'il n'y aurait pas moyen d'adapter à ce remède supprimé par la loi aucune procédure qui puisse être avouée par le code de procédure civile.

Il en est de même de tous autres moyens de grace qui étaient en usage dans différentes parties de l'empire avant l'introduction du code napoléon, comme les répits et les attermoyemens, les dispositions par lesquelles il était accordé un sursis de payement à des débiteurs qui en justifiant de leur solvabilité se trouvaient dans l'impossibilité de satisfaire pour le moment leurs créanciers, et autres remèdes pareils, que la faveur du commerce avait introduits, principalement en Hollande. Il était assez généralement d'usage qu'un négociant demandât et obtint du souverain un sursis de payement : il devait à cet effet justifier par un bilan régulier que son actif excédait le passif, et qu'un délai pourrait le mettre en état d'acquitter ses engagemens : une procédure particulière offrait aux créanciers l'occasion de présenter à un tribunal supérieur les observations qu'ils pouvaient avoir, soit sur l'exactitude du bilan, soit sur la vérité des faits avancés, soit enfin sur la moralité du débiteur, et après toutes ces formalités,

M 5

le séquestre était mis sur les biens qui étaient administrés par le débiteur et quelques unes de ses créanciers pendant le tems de ce sursis. Il est clair qu'après l'introduction du code de pareils sursis ne purent plus être obtenus, dans le cas même où toutes les créances auraient été antérieures : les sursis accordés devaient être respectés comme droits acquis, et peut-être aurait-on pu également admettre ceux qui quoique non consentis étaient demandés antérieurement, mais l'impossibilité de concilier toutes les formalités avec la procédure nouvellement introduite, les fit abandonner toutes, et il n'y a pas eu lieu à 'aucun arrêt qui put fixer à cet égard la jurisprudence.

Des actions rescisoires la transition est naturelle aux actions révocatoires, qui cependant sont d'une nature très différente. La rescision présuppose une cause coëxistante avec l'acte qu'on veut faire rescinder; la révocation un événement survenu depuis et qui change les circonstances dans lesquelles l'acte a été consenti : toutes deux tendent à annuller l'effet de l'acte, mais elles se rapportent à un fait indépendant : ainsi la lésion qui peut donner matière à la rescision d'une vente a lieu au moment même où la vente se fait ; mais la survenance d'enfans du donateur, l'ingrati-tude du donataire, sont des événemens posté-rieurs et absolument étrangers à la donation qu'ils peuvent faire révoquer. La rescision ne peut avoir lieu de plein droit, elle serait alors confondue avec la nullité du contrat, parceque la rescision s'opérant au moment même de l'obligation, celle-ci n'aurait pas d'existence réelle ; la révocation au contraire peut avoir lieu de plein droit, et même dans ce cas l'acte révoqué a un effet très marqué dans l'intervalle de tems qui s'écoule depuis sa première origine jusqu'à l'existence du fait qui donne lieu à la révocation : elle peut aussi ne pas avoir lieu de plein droit, et dans ce cas son effet sera le même que celui d'une rescision.

En admettant cette distinction nous croyons d'après les raisonnemens, que nous avons eu l'occasion de développer plus d'une fois, pouvoir établir par rapport aux actions révocatoires en général trois conséquences de la règle démontrée : la première que les actions révocatoires ne sont pas ré-gies par la législation sous laquelle l'acte qui doit être révoqué a été fait : la seconde que

lorsque la révocation s'opère de plein droit,
elle doit être jugée par les lois en vigueur
au moment où l'événement qui donne lieu à
la révocation arrive : la troisième, que lorsque la révocation ne s'opère pas de plein'
droit, elle doit être jugée selon la législation
sous l'empire de laquelle elle est demandée. Nous croyons pouvoir nous dispenser
de prouver plus amplement ces propositions, et passer à en examiner l'application.

Il y a principalement trois causes de révocation d'une donation aux termes du code;
la survenance d'enfans du donateur, l'ingratitude du donataire, le défaut de satisfaire
aux conditions imposées à la donation : cette
dernière cause, ayant son origine dans un
pacte exprès fait lors de la donation même,
devra être régie par la loi en vigueur au
moment où ce pacte a été fait; car il est
évident que le donateur a voulu que sa
donation n'aurait lieu qu'à la charge du donataire de remplir les conditions qu'il y attachait. Il en est bien autrement des deux premières causes de révocation : la nouvelle législation conforme sur ce point à l'ordonnance de 1731, veut que la survenance d'en-

fans révoque de droit et par le seul fait la
donation , de sorte qu'il ne soit besoin d'aucun jugement , et que celui qui pourrait in-
tervenir en cas de refus du donataire de restituer les effets serait simplement déclaratoire
et ferait remonter la révocation au moment
même de la survenance d'enfans, au lieu que
l'ingratitude du donataire donne ouverture à
une action révocatoire , et que. dans ce cas
la révocation n'a lieu qu'en vertu d'un jugement (1). Supposons donc qu'une·législa-
tion postérieure abroge ces causes de révocation, quels seront ses effets sur une donation antérieure ? S'il existe une de ces
causes avant l'introduction de la loi nouvelle,
il serait difficile d'accorder à une survenance
d'enfans ou à l'ingratitude du donataire un
effet que la loi n'admet plus, par le seul
motif, que la donation est antérieure : nous
ne croyons pas ,, que ce serait altérer l'es-
,, sence, la nature et les effets de ces dona-
,, tions, que ce serait les soustraire à l'em-
,, pire de la loi sous laquelle elles ont été

---

(1) Voir sur cette révocation Grenier des donations
et testamens, 1ᵉ part. ch. 6.

„ faites, que ce serait violer les conventions
„ des parties qui ont traité sur la foi de
„ cette loi, et qu'enfin ce serait donner au
„ code napoléon un effet rétroactif sur des
„ contrats qui étaient définitivement et irré-
„ vocablement consommés, avant sa publica-
„ tion (1)? par le motif le plus simple,
qu'autre chose est la donation, autre chose
la révocation, et que le donateur ne doit
pas être censé avoir eu en vue ou la survenance d'enfans ou l'ingratitude du donataire, auquel cas il n'aurait pas fait la donation. Si le fait qui donne lieu à la révocation était préexistant à la loi nouvelle, la
survenance d'enfans opérant de plein droit
la révocation, sans qu'il dépende de la volonté du donateur d'en faire usage ou d'y renoncer, l'effet devra toujours être réglé d'a-
près les lois en vigueur au moment de cette
survenance, qui a fixé définitivement et irrévocablement les droits du donateur comme du
donataire: cette révocation est tellement de
droit, que la renonciation même expresse du
donateur ne ferait pas revivre la donation;

______________

(1) Chabot de l'Allier, in voce *donations*, § 3 n. 1.

il faut donc qu'elle soit jugée par la législa-
lation du moment où elle a lieu (1). Si au
contraire ce sont des faits d'ingratitude qui
donneraient ouverture à la révocation , le cas
n'est plus le même : il n'y a pas de révocation par la loi, mais' elle dépend du fait de
l'homme : il tient au donateur d'exercer cette
action ou de pardonner l'ingratitude : cette
action non instituée dans un espace de tems
borné, est censée éteinte : elle ne passe pas
aux héritiers du donateur à moins qu'il ne
l'ait entamée, et déclaré par là sa volonté :
ce n'est donc plus une conséquence immédiate, soit de la donation, soit même du fait
d'ingratitude ; elle devra être régie par la
loi du moment où la demande est formée (2).

-----

(1) Le convol d'un époux avantagé par son conjoint
prédécédé révoquait de droit ces avantages quant à la
nue propriété, et les réduisait à un usufruit, sans qu'il
était besoin de demander la révocation: ce sera donc
d'après ces principes la législation du moment du convol, qui en réglera les effets. Voyez ce que nous avons
dit ci-dessus, p. 152.

(2) Nous aurions désiré pouvoir appuyer ce raisonnement
qui nous parait évident , de quelque autorité respectable,
mais l'ancienne jurisprudence française n'offrant sous

Il est une autre espèce dans laquelle un contrat consommé perd son effet et qui tient beaucoup de la révocation: c'est le retrait, ou le droit qui compétait en plusieurs lieux de faire rescinder une vente de biens fonds pendant un certain tems, soit en faveur du seigneur, soit en faveur des proches du vendeur, des coïntéressés à ces biens, des voisins ou autres, d'après les coutumes locales. Le code napoléon ne connait pas le retrait: quelles seront donc les règles sur l'exercice de ce droit à l'égard des biens vendus sous l'ancienne coutume si le laps de tems fixé pour ce retrait, n'est pas écoulé au moment de l'introduction du code? Il est évident que lorsque le retrait est légal, qu'il n'est pas fondé sur un pacte exprès, ce sera la loi non du moment du contrat, mais de celui de l'exercice de ce droit qui réglera s'il est admissible. Le retrayant ne peut être admis à exercer son droit s'il n'est autorisé par la loi : et la loi en vigueur ne lui accorde

ce rapport que des différences legères de ce qui a été adopté par le code, nous n'avons trouvé aucune décision qui pût être alléguée, soit pour ou contre notre opinion.

corde pas cette faveur. Vainement réclame-
rait-il ce droit comme acquis : il n'avait pas
déclaré sa volonté sous la coutume qui lui en
donnait la faculté, et il doit s'imputer à soi-
même s'il éprouve des suites quoiqu'impré-
vues de ce retard. Cette question ne s'est
pas de notre connaissance présentée devant
les tribunaux de l'ancienne France , parce
que le retrait fut aboli dès l'année 1790 , et
que dans ce moment l'effervescence générale
aurait pu faire admettre une rétroactivité illimitée.

Les mêmes règles peuvent servir à décider les cas où, sous une nouvelle loi, il s'agit
de défendre à une action, qui a son origine
dans un acte ou contrat antérieur à l'introduction de la loi : la distinction entre les droits
acquis irrévocablement et ceux qui n'ont pas
encore existé autorise à rechercher, si la défense proposée était inhérente à l'action, ou
si elle est la suite d'un fait ou d'une déclaration de volonté postérieure. La nullité d'un
acte, non celle qui résulte de la forme
et dont il a été question plus haut, mais
une nullité viscérale qui tient à une prohibition vicie non seulement cet acte dès
le commencement, mais devient une dé-

fense acquise à celui qui par la suite et sous
une nouvelle législation pourrait être inquiété,
lors même que la loi postérieure ne recon-
naitrait pas cette nullité : la défense est aussi
ancienne que l'action même, elle y est inhérente et la suit en tous lieux. Ainsi lorsqu'une loi a prohibé l'acquisition de biens-
fonds à des étrangers, la vente d'un immeuble contraire à cette loi est non seulement nulle
en soi, mais cette nullité est fondamentale,
et inséparable du contrat de vente, lors même qu'une loi postérieure aurait accordé aux
étrangers le droit de posséder des immeubles.
Le vendeur avait dès avant l'introduction de
cette loi une défense irrévocablement acquise, indépendante de tout autre événement, et
qui ne nécessitait de sa part aucune déclaration qu'il entendait se servir de cette défense.

L'exception du sénatusconsulte Macédo-
nien nous paraît être dans le cas que nous
venons de poser. Ce sénatusconsulte défendait de prêter aux fils de famille sous un
prétexte quelconque, et non seulement il
leur accordait une exception péremtoire contre le créancier, mais cette exception était
tellement inhérente au contrat qu'il ne pou-

vait renoncer à ce droit introduit bien plus
en forme de peine contre les créanciers usuraires qui abusent des besoins d'un mineur,
qu'en faveur du débiteur même. La loi
n'ayant pas eu en vue d'avantager le fils de
famille qui empruntait de l'argent ou même
uniquement de secourir celui qui serait lé-
sé, a prohibé expressément ce contrat comme contraire aux bonnes moeurs. Quoique
par conséquent le code napoléon n'ait pas admis l'exception du senatusconsulte Macédo-
nien, le fils de famille qui a emprunté sous
une législation qui reconnaissait ce senatusconsulte, pourra proposer cette exception
même après l'introduction du code, parceque
l'action et le contrat auquel elle doit son origine étant réprouvés par la loi, et l'exception ayant été rendue tellement inhérente à
cette action qu'elle ne pouvait être éteinte par
une renonciation expresse et formelle, doit être
reputée acquise irrévocablement à l'emprun-
teur sous l'empire de l'ancienne législation.

Il en serait bien autrement si la défense devait son origine à un fait postérieur à
la législation ancienne, ou bien si l'ancienne
loi exigeait une déclaration expresse de la volonté, de sorte qu'elle ne pouvait être consi-

dérée comme inhérente à l'action même. S'il
tient au défendeur de se prévaloir d'une exception , et qu'à défaut de cette réclamation
l'action soit bonne et valable , la législation
sous laquelle elle a été proposée sera celle
qui servira de règle pour la décision: telles
sont les exceptions du sénatusconsulte Velléjen et de valeur non fournie.

· Le sénatusconsulte Velléjen défendait aux
femmes d'intercéder pour autrui , et cette
disposition du droit romain avait force de loi
dans tous les pays de droit écrit , ainsi
que dans les départemens réunis à l'empire
français. Il ne sera pas nécessaire d'examiner quelle était la nature de cette exception,
et si dans son origine l'intercession des femmes n'était pas tellement reprouvée par la
loi que l'obligation était frappée de nullité,
au point que non seulement toutes obligations
accessoires étaient également nulles, mais que
la femme qui aurait payé le montant de son
intercession était admise à répéter ce montant comme indûment reçu: il suffit de savoir
que dans l'usage la femme était admise à renoncer à l'exception de ce sénatusconsulte
introduit en sa faveur et que dans toutes les
intercessions des femmes on avait coutume

d'insérer la renonciation expresse au sénatusconsulte Velléjen et à l'authentique *si qua
mulier* (1). L'exception dérivant de l'incapacité de la femme n'est donc pas absolue,
et il tient à la femme d'en faire usage ou
de s'en tenir à son obligation. Le code napoléon n'ayant pas adopté les dispositions du
droit romain sur l'intercession des femmes,
il s'en suivra d'après nos principes, qu'une
femme mariée ne pourra se défendre par le
Velléjen contre une obligation, quoique passée sous une loi qui admettait cette excep-

---

(1) Cette interprétation contumière est basée sur la loi
21 au code *ad Sctum Vellejanum*, et sur les nouvelles dispositions des empereurs Anastase et Justinien sur ce
sénatusconsulte, qui en ont entièrement dénaturé les
conséquences. Or ces lois étant les dernières, et abro-
geant le droit ancien, nous croyons que ce n'est pas
dans les lois du digeste ou celles du code antérieures
qu'il faut chercher la nature de l'exception du Velléjen,
d'après les dernières lois romaines. C'est là selon notre avis
le seul moyen de concilier l'antinomie évidente entre
ces lois ; et ce système pourra en même tems rendre raison de notre opinion entièrement différente de celle de
plusieurs jurisconsultes, dont les raisonnemens incontestables en soi ne sont applicables qu'à l'ancien droit
romain.

N 3

tion. C'est ainsi que la cour de cassation a jugé par arrêt du 27 août 1810, quoique les motifs énoncés dans cet arrêt soient dif-férens de ceux que nous avons avancés. Le même principe avait été reconnu implicite-ment par un arrêt de la cour d'appel de Pa-ris du 11 frimaire an 14 rapporté par M. Merlin (1), lequel arrêt est également ap-puyé sur d'autres raisonnemens (2).

L'exception de valeur non fournie était également une défense que le droit romain accordait à celui qui avait souscrit une re-connaissance de prêt, et dont l'effet se bor-nait à priver la reconnaissance écrite de toute force probative, en rejettant la preuve de la numération des espèces sur celui qui préten-

---

(1) Répertoire de jurisprudence, in voce *Senatuscon-sulte Velléjen*, § 3.

(2) Nous sommes fâchés de devoir énoncer une opi-nion contraire à l'autorité respectable de M. Chabot, in voce *senatus consulte Velléjen*, qui considère l'exception du Velléjen comme une nullité inhérente : nous croyons avoir tracé l'origine de cette opinion et l'avoir réfutée ; aussi cet auteur n'a pas allégué un seul arrêt à l'appui de sa décision.

dait en faire usage , du moins pendant les
deux premières années de sa date. Cette exception ne pouvait aucunement être considérée comme nullité inhérente ou viscérale :
elle dépendait de la volonté de celui qui avait
souscrit le billet, et qui avait la faculté d'y
renoncer dans le corps même de l'acte : telles sont du moins les restrictions sous lesquelles
cette exception était reçue avant l'introduction du code napoléon. Ce code qui attache
la foi la plus implicite aux actes authentiques
ou sous seing privé reconnus par les parties,
qui refuse d'admettre la preuve testimoniale
outre et contre le contenu aux actes même
pour la somme la moins considérable , qui
exige une preuve écrite et refuse toute foi
aux témoignages lorsqu'il s'agit d'une somme
de plus de cent cinquante francs, ne pouvait
sans inconséquence faire dépendre la validité
d'une obligation passée par écrit de la preuve
orale : aussi n'a-t-il pas admis l'exception
de deniers non comptés ou valeur non fournie. Il ne peut donc y avoir aucun doute
que cette exception ne doive être rejettée
sous la législation nouvelle , quoique la re-
connaissance d'un prêt remonterait à une

époque qui admettait le souscripteur à se défendre par cette exception (1).

Si cependant ces défenses auraient déjà
été proposées avant que la nouvelle loi ne
fut exécutoire, il y aurait déclaration expresse de la volonté de celui qui est attaqué
en justice de se prévaloir de son droit : cette
déclaration faite en tems utile et sous une
loi qui permettait cette défense, fixe irrévocablement les droits de celui qui en fait usage
et lui acquiert l'exception qui ne peut plus
être rejettée par un changement survenu depuis dans la législation. La femme qui aurait déjà proposé l'exception du Velléjen
contre une action précédemment intentée ne
pourrait donc être condamnée par cette seule

------

(1) Ce serait peut être ici le lieu de traiter de la
préscription commencée sous une ancienne législation,
et il pourrait se présenter à ce sujet des questions très
compliquées; mais le législateur ayant expressément décidé dans l'art. 2281 du code napoléon, que toutes préscriptions commencées avant l'introduction de ce code
seraient réglées par les lois antérieures, il ne peut y avoir
de doute à cet égard, et nos principes ne peuvent recevoir aucune application.

raison que le code napoléon n'admet pas cette exception : cette conséquence serait une rétroactivité contraire à l'esprit de la loi.

Le mode d'exécution d'un acte ou d'un jugement est encore une des suites accidentelles et éloignées de cet acte, et qui par conséquent devra être réglé par la loi en vigueur au moment où cette exécution est demandée. Déjà nous avons fait la remarque, que si la procédure devait être réglée par la jurisprudence du moment auquel la cause a été entamée, ce principe ne pouvait être appliqué qu'à cette procédure, et non aux poursuites qui pouvaient en résulter, mais qui par leur nature en sont indépendantes : nous avons démontré que les appels interjettés depuis la nouvelle loi, les saisies, les ordres et distributions, les expropriations forcées faites postérieurement devaient être jugées d'après les nouvelles lois, et nous avons appuyé notre opinion d'un avis du conseil d'état approuvé par S. M. en date du 16 fevr. 1807. Les mêmes raisonnemens doivent donc décider cette question parfaitement semblable. L'exécution d'un acte ou d'un jugement n'en est pas la conséquence nécessaire et immédiate ; la procédure en exé-

cution est absolument indépendante de tous
ce qui a précédé, et il n'y a aucune raison de la soumettre à une législation abrogée.

Lors donc que les lois diffèrent sur la
contrainte par corps, ce sera la loi du moment auquel on veut pratiquer la saisie-em-
prisonnement qui devra être invoquée pour
juger si la contrainte a lieu. Vainement dirait-on que celui qui a prêté lorsque la loi accordait indistinctement la contrainte par corps
pour toutes créances, comme anciennement
en Hollande, n'a contracté qu'en suivant la
foi de cette disposition coutumière : que ce
mode d'exécution lui assurait la rentrée de
son argent d'une manière bien plus efficace:
qu'il n'a avancé les deniers que dans la supposition qu'à défaut de payement il aurait le
droit, non seulement de faire saisir les biens
de son débiteur, mais aussi de le faire in-
carcérer. En effet si le prêteur avait cru
d'avance que toutes ces mesures seraient requises pour obtenir le payement de son dû,
il est bien plus probable qu'il n'aurait pas
contracté du tout; et cette considération est
trop opposée à la marche ordinaire du raisonnement, elle répugne d'ailleurs trop aux

sentimens d'humanité que la loi suppose, pour pouvoir être admise.

Dans le cas contraire, si une nouvelle loi avait étendu la contrainte par corps à des cas qui n'admettaient pas ce mode d'exécution, la décision devrait être la même (1). Le débiteur qui se reconnait tel et ne satisfait pas à son engagement serait également non recevable à se défendre contre l'incarcération par le motif qu'elle n'avait pu avoir lieu lorsqu'il a contracté : il ne pourrait exciper que de sa propre mauvaise foi, et son raisonnement devrait revenir à ceci : j'ai contracté sous l'empire d'une loi qui ne vous accordait pas le droit de me contraindre par corps ; connaissant cette disposition c'est elle que j'ai eu en vue lorsque j'ai pris sur moi

--------

(1) En général la loi française est plus favorable aux débiteurs pour ce qui concerne la contrainte par corps, que les législations qu'elle a remplacées dans tous les départemens réunis: cependant il est des cas où elle est plus rigoureuse. La contrainte par corps en Hollande ne pouvait jamais être exercée que subsidiairement et après la discussion des biens : d'après les lois françaises elle peut être exercée avant la saisie immobilière, et même conjointement avec ce mode d'exécution.

un engagement que je savais ne pouvoir ou ne vouloir remplir ; et je n'aurais pas pris cet engagement si je n'avais scu que la loi me fournissait le moyen de m'y soustraire. Il y aurait de l'absurdité à vouloir opposer un raisonnement d'une pareille force à l'application du mode d'exécution préscrit par la loi.

Il est une autre raison pour ne pas juger la contrainte par corps d'après la législation abrogée. Ce qu'on pourrait supposer de plus favorable à celui qui réclamerait l'exercice de la contrainte par corps en vertu de la loi sous laquelle il a contracté, serait que ce mode d'exécution au lieu d'être sous-entendu tacitement, aurait été stipulé en termes exprès : or l'art. 2063 du code napoléon défend de consentir la contrainte par corps dans les cas où la loi ne la permet pas positivement à peine de nullité, dommages et intérêts : cette supposition ne pourrait par conséquent rien conclure en faveur du système contraire.

Cette opinion, que la contrainte par corps, et en général tout mode d'exécution doit être régi par les lois du moment auquel cette exécution est commencée, indépendamment des dispositions contenues dans la législation sous laquelle l'acte a été passé ou le jugement rendu, est conforme à la jurisprudence reçue, et surtout à un des motifs d'un arrêt récent de la cour de cassation (1). „ Attendu" ce sont les propres termes de l'arrêt, „ que ce n'est pas donner au code „ un effet rétroactif, que d'en appliquer les „ dispositions au mode d'exécution d'une obli- „ gation ancienne et non désavouée." C'est aussi d'après ces principes que le tribunal de première instance d'Amsterdam a constamment accordé ou refusé la contrainte par corps sur des jugemens ou engagemens antérieurs à l'introduction des lois françaises selon les dispositions du code, sans que jamais il y ait eu réclamation.

Il est cependant deux observations à ce sujet : la première que cette opinion ne s'applique pas aux contraintes déjà exercées, et que celui qui est incarcéré pour dettes sous l'ancienne loi ne peut réclamer son élargissenent par cela seul, que la loi nouvelle n'accorde plus la contrainte par corps; il suffit

---

(1) *Arrêt du 8 Fevrier* 1813.

à cet égard de rappeller les principes posés ci-dessus sur l'irrévocabilité des droits acquis. La seconde regarde la forme des jugemens et rentre dans notre premier principe: anciennement en Hollande tout jugement emportait la contrainte par corps; il était donc inutile de la prononcer en termes exprès : cependant le code napoléon art. 2067 exige qu'elle soit prononcée par jugement : il est évident que cet article ne peut être applicable à des jugemens antérieurs, qui la prononçaient tacitement.

Lorsqu'un événement antérieur à l'introduction d'une loi peut produire une action, que cette loi proscrit, la distinction établie ci-dessus doit recevoir son application. Cette action dans notre hypothèse n'était pas la suite nécessaire de cet événement : elle pouvait être intentée ou abandonnée au gré des intéressés : elle dépendait d'un jugement incertain en soi, sans lequel la demande aurait été comme non avenue : elle ne peut donc être considérée comme un droit acquis irrévocablement à moins que cette action ne soit déjà intentée, que l'intention formelle et positive du demandeur ne soit ainsi manifestée, et qu'elle ne soit devenue sa propriété irré-

vocable. Au moment où cette action est instituée , il faudra consulter non l'ancienne
loi , mais la loi alors en vigueur, pour juger
si cette action pourra être admise.

'Toutes les anciennes lois permettaient la
recherche de la paternité d'un enfant naturel : elles ne différaient que dans le plus ou
moins des restrictions qu'elles mettaient à
cette recherche , soit en exigeant un commencement de preuve par écrit, ou en accor-
dant la faculté illimitée de la preuve testimoniale , soit en la bornant aux seuls enfans
naturels ou en l'étendant même aux enfans
adultérins ou nés d'un inceste.  Par suite de
cette recherche l'enfant naturel pouvait réclamer des alimens contre son père ; dans quelques législations la mère de l'enfant pouvait
demander ses frais de couche et un dédom-
magement pécuniaire *in solatium amissæ vir-
ginitatis* selon les circonstances et proportion-
né à sa conduite, sa qualité et celle du père
de l'enfant : quelquefois elle pouvait contraindre le père à l'épouser.  L'art. 340 du code
napoléon a mis fin à toutes ces recherches presque toujours scandaleuses : il a remis aux femmes le soin de leur honneur et les suites d'une
conduite désordonnée ; et si dans quelques cas

cette législation peut paraitre dure envers des victimes de la séduction , aussi souvent elle prévient les projets intéressées que des femmes perdués bâtissaient sur leur propre honte.

Dans ce conflit de législation quels seront les droits d'un enfant né ou conçu avant l'introduction du code napoléon ? Quels seront ceux de sa mère? Nous croyons pouvoir décider sur les bases déjà établies, que si l'action était entamée avant que le code ne fut exécutoire, elle doit être suivie d'après les principes de l'ancienne législation , mais que la naissance de l'enfant avant cette introduction , ou sa conception qui doit avoir le même effet d'après le principe général (1), ne peut autoriser une recherche de la paternité sous une législation qui proscrit cette recherche. En effet l'action de l'enfant naturel pour alimens , celle de la mère en indemnité ou dommages n'étaient pas leur propriété : ce droit ne leur aurait été acquis qu'après avoir prouvé la paternité , après qu'un

---

(1) Qui in utero est habetur pro jam nato quoties de ejus commodo agitur. *L. 7. D. de statu hominum.*

qu'un jugement formel aurait décidé, que celui contre lequel ces demandes sont formées
était véritablement le père : elles n'étaient
donc pas les suites immédiates et nécessaires
d'un événement antérieur au code, mais des
conséquences éloignées qui doivent être régies
par les nouvelles lois (1).

Jusqu'ici nous n'avons examiné que les
cas où les suites éloignées d'un événement
antérieur à la loi auraient pu donner lieu à
des actions ou des exceptions inconnues à la
nouvelle législation, mais la même difficulté
peut se présenter d'une manière inverse.
Lorsque la nouvelle législation introduit des
actions ou des exceptions, peuvent-elles être
appliquées aux actes ou contrats antérieurs,
lorsqu'elles n'en concernent pas les suites

_______________

(1) Il n'est pas à notre connaissance que cette question se soit jamais présentée devant la cour de cassation
ou quelque cour impériale. Le tribunal de première instance à Amsterdam a constamment jugé d'après ces
principes, *nemine reclamante.* La cour de cassation du
royaume de Westphalie a adopté les mêmes principes
ainsi que la distinction que nous avons établie entre la
réclamation déja portée en justice, et celle qui ne l'est pas.
*Arrêts du 14 août, 19 et 22 sept.* 1809.

O

immédiates et nécessaires ? Il est clair que la loi nouvelle ne peut introduire de nullité soit de forme, soit intrinsèque qui serait applicable à des actes irrévocables avant son existence ; c'est ce que nous avons démontré : mais rien n'empêche que la loi n'introduise une cause de rescision ou de révocation, qui serait également recevable contre les anciens contrats comme contre les nouveaux. Telles sont par exemple les dispositions de l'art 1911 du code napoléon qui déclare essentiellement rachetables toutes rentes constituées en perpétuel ; les art. 1912 et 1977 du code qui fixent les cas dans lesquels la résiliation des rentes viagères ou le rachat des rentes perpétuelles est forcé : ces dispositions sont également applicables aux obligations antérieures. La jurisprudence de la cour de cassation entr'autres dans un arrêt du 6 juillet 1812 et celle des autres cours supérieures (1) a confirmé cette application.

_______________

(1) L'opinion contraire a été soutenue par M. Chabot in voce *rentes constituées en perpétuel et rentes viagères :* mais celle que nous croyons devoir adopter a triomphé dans presque toutes les cours depuis que son ouvrage a

---

Après avoir ainsi examiné l'application de nos principes aux principales questions, que le changement de lois a fait naître, il nous reste encore deux mots à dire sur une espèce qui au premier coup d'oeil pourrait paraitre présenter des difficultés plus considérables , mais qui cependant se résout par ces mêmes principes sans qu'il soit besoin de quelque règle autre que celles que nous avons posées.

Les événemens politiques qui se sont succédés avec tant de rapidité à la fin du siècle précédent et dans le commencement de celui dans lequel nous vivons, n'ont pas permis, que le passage de l'ancienne législation à celle qui est actuellement introduite dans tout l'empire, et même dans plusieurs pays a djacens, se soit fait d'une manière uniforme et régulière ; c'est surtout dans les anciens départemens de la France , que les lois se sont

---

paru. Il est intéressant de voir le déve'oppement des moyens proposés par les parties, lors de l'arrêt cité. *Journal du palais, tom.* 33. *pag.* 578 *et suivantes.*

pour ainsi dire pressées les unes sur les autres, et ce n'est qu'après avoir successivement passé par des législations sinon générales, du moins partielles, qu'on est parvenu à l'état de fixité et à l'uniformité établie par les codes civil, commercial et de procédure. Les départemens réunis ne sont pas tous dans la même situation ; cependant plusieurs ont éprouvé de pareilles viccisitudes : les départemens de la Hollande par exemple, après de nombreux changemens dans plusieurs parties essentielles de la législation tant civile que criminelle, ont vu déclarer exécutoires un nouveau code pénal à dater du 1.er fevrier 1809 et un code civil à dater du 1.er mai de la même année : le code de procédure qui avait déjà reçu la sanction du gouvernement n'était pas encore introduit, lorsque cette législation entière fit place à celle des codes de l'empire français après une existence intermédiaire de deux ans, au premier mars 1811. Or plusieurs de ces lois intermédiaires étant dictées par les opinions du moment, ou par des circonstances temporaires et des considérations locales, elles sont souvent différentes et quelquefois opposées tant aux législations précédentes qu'à celle qui les a remplacé.

Il existe donc des cas , ou il peut en exister , dans lesquels il s'agit de déterminer les effets d'un acte passé ou d'une obligation contractée non seulement sous une législation abrogée, mais qui a passé sous l'empire de plusieurs législations opposées entr'elles ; et on demande quelles seront les lois applicables à cet acte ou à cette obligation ? Par exemple l'ancienne coutume en Hollande fixait la majorité à vingt-cinq ans, la législation intermédiaire à vingt-trois , le code napoléon à vingt-un ans ; au contraire dans la Gueldre la majorité anciennement fixée comme par le code napoléon , avait été reculée par la législation intermédiaire. Quelles seront les lois à suivre, pour juger ces cas ?

Quelque difficulté que ces questions puissent présenter au premier coup d'oeil, elles trouvent aisément leur solution dans les principes posés. En effet dans toutes les questions transitoires , il n'est que deux cas possibles : ou ce sont les lois anciennes sous lesquelles l'acte a été passé, l'obligation contractée ou le droit acquis, d'après lesquelles il faut juger : ou bien la législation en vigueur au moment de l'ouverture de ce droit, du commencement de la

procédure et autres pareils cas qu'il faut consulter. Dans la première supposition, il est
indifférent quels aient été les changemens
qu'a éprouvés depuis la législation , parceque
celle qui doit régir l'espèce était invariable-
ment fixée dès le commencement : dans la
seconde c'est celle du moment où le droit
est ouvert et exercé , et il peut de même
être parfaitement égal , quelle ait été la législation intermédiaire entre le moment de
l'acte , du contrat ou de la première origine
de ce droit et celui auquel ses effets doivent
être réglés.

Si un acte passé sous une loi donne ouverture successivement à plusieurs droits sous
des législations différentes , il faudra donc
distinguer à chaque changement les droits acquis irrévocablement , dont les suites nécessaires et immédiates restent fixées par la législation ancienne , tandis que les droits qui
n'étaient pas irrévocables, les suites éloignées
des droits acquis et l'état des personnes se
régleront d'après les législations successives
à fur et mesure qu'elles se présentent. Telle
est la conséquence des principes que nous
croyons avoir démontrés; et comme il n'y a
aucune raison de s'en écarter, nous pouvons

en fai e également l'application , qui réduit les questions transitoires, lors même qu'il y a variété dans les législations , à des questions qu'on pourrait considérer sous certain point de vue comme de fait , savoir si les droits résultant de tel acte sont irrévocables?

Il peut encore exister une autre question transitoire à l'occasion d'une succession de lois différentes , lorsqu'un acte validé dans son commencement , annullé par une législation suivante, produit son effet sous une troisième loi qui est conforme à la première. L'ancienne législation française permettait les institutions universelles ou à titre universel: la loi du 17 nivose an 2 les a frappées de nullité : celle du 4 germinal an 8 et le code napoléon ont rétabli l'ancienne jurisprudence: il s'agissait de savoir si un testament valablement fait avant la loi de nivose an 2 , mais annullé par cette loi, peut être reconnu valide après la révocation de cette loi. Les opinions ont été très partagées sur cette question et des arrêts ont été rendus dans les divers sens. Ceux qui refusent de reconnaitre la validité du testament , se fondent sur ce que le testament une fois annullé ne peut plus produire aucun effet, ainsi que plu-

( 216 )

sieurs lois romaines l'enseignent, et que par
conséquent une législation nouvelle n'a pu
rendre l'existence à une disposition qui était
comme non avenue (1). L'opinion contraire
est fondée sur une autre règle du droit romain, *media tempora non nocent*, c'est celle qui
a prévalu (2). Non seulement nous croyons
pouvoir l'adopter entièrement, mais il est
un argument que nous pourrons ajouter à
ceux qui ont été faits en faveur de ce système : c'est celui qui a déjà été proposé
lorsque nous avons établi que la règle catonienne n'était pas applicable aux testamens
faits par des personnes incapables, mais auxquelles une loi nouvelle a conféré la capacité. Le testateur ayant eu la faculté de
refaire son testament, il suffit qu'il ait laissé
subsister un testament invalide, soit dès le
commencement, soit par la suite, pour en
valider les dispositions en vertu de sa vo-

_____________________

(1) § 2. *Inst. Quib. modis test.* infirm. Chabot de
l'Allier, in voce *testament*, § 2.

(2) Merlin, requisitoire dans l'affaire Rayet, apud
Chabot de l'Allier *d. l. L. 6, § 2, 49. § 1. D. de hered. inst.
L. 12 D. de injusto, rupto, irrito.*

lonté tacitement manifestée sous une législation qui lui accordait la faculté de tester.

Nous croyons donc pouvoir établir que
les questions transitoires dans les cas d'une
succession de plusieurs législations différentes,
doivent être jugées, soit d'après les lois anciennes, soit d'après les nouvelles selon les
principes développés plus haut ; et que les
législations intermédiaires entre l'origine du
droit et son exercice ne peuvent jamais avoir
aucune influence sur les actions qui résultent
de ce droit.

---

Nous avons donc démontré huit principes généraux déduits de la nature des lois
en général et qui peuvent servir à décider
les questions transitoires : nous avons prouvé
que les lois romaines et la jurisprudence actuelle les confirment : nous en avons poursuivi les conséquences les plus remarquables
et qui peuvent être de la plus grande utilité,
et partout nous croyons avoir rencontré les
preuves de la vérité de ces principes comme
de leur suffisance pour résoudre toutes ces
difficultés : nous avons donc rempli la tâche
que nous nous étions proposée. Puisse notre

travail être utile à ceux qui sont chargés de
rendre la justice ou de faire valoir les droits
des parties ! que du moins il puisse fixer
leur attention sur des questions aussi importantes! Si nous avons pu contribuer à développer les véritables principes , nous serons
assez recompensés de nos peines, lorsqu'une
main plus habile aura completté ce que nous
avons hasardé d'énoncer.

# TABLE
## DES MATIÈRES,

## A.



## B.



## C.

# E.



# F.

# G.



# H.



# I.

PRODIGALITÉ; V. *interdiction.*

PUISSANCE MARITALE est règlée par la loi du moment, p. 111.

PUISSANCE PATERNELLE est règlée par la loi du moment, p. 111.

# Q.

QUESTIONS TRANSITOIRES, *quid?* p. 2.

# R.

RAPPORT À SUCCESSION, *quid?* p. 169 quelles donations y sont sujettes? p. 169; *quid*, si la donation est antérieure, et la succession ouverte sous le code napoléon, p. 170 et suiv.

RÈGLE CATONIENNE, *quid?* p. 122 ; souffre plusieurs exceptions, *ibid*; n'est pas applicable aux lois nouvelles, p. 123 et suiv.; ce qu'il faut entendre par ces lois nouvelles, p. 124 et suiv.; pourquoi? p. 127; n'est pas applicable aux testamens militaires, p. 129 ; ni après l'introduction du code, p. 131.

RENTES mobilisées par le code napoléon, p. 166 ; comment doivent être considérées à l'égard des droits antérieurs, p. 164 ; sont essentiellement rachetables, p. 210; *quid* si elles étaient constituées avant le code, p. 210.

RÉPIT. V. *attermoyement.*

P.

# S.

## T.



FIN DE LA TABLE DES MATIÈRES.

à AMSTERDAM,
de l'Imprimerie de M. F. PIEPER ET COMP.,
sur le Voorburgwal, n°. 67.